Susan Kaufmann · Lutz Rohrmann · Petra Szablewski-Cavus

Orientierungskurs

Geschichte
Institutionen
Leben in Deutschland

Langenscheidt

Berlin · München · Wien · Zürich · New York

Von Susan Kaufmann, Lutz Rohrmann und Petra Szablewski-Cavus

Visuelles Konzept und Layout:
Andrea Pfeifer, Kommunikation + Design, München

Umschlaggestaltung:
Andrea Pfeifer

Umschlagfotos:
(v.l.n.r.): Lutz Rohrmann, Vanessa Daly, Süddeutscher Verlag, Bilderdienst

Redaktion:
Hedwig Miesslinger und Lutz Rohrmann

Hinweise und Anregungen für Lehrerinnen und Lehrer sowie einen Modelltest
finden Sie unter: www.langenscheidt.de/orientierungskurs

Umwelthinweis: gedruckt auf chlorfrei gebleichtem Papier

Druck: VVA
Printed in Austria
ISBN 13: 978-3-468-49168-9
ISBN 10: 3-468-49168-9

DON'T DESTROY HISTORY

Geschichte der Bundesrepublik Deutschland

Geschichte in Bildern und Texten

A Am Ende des 2. Weltkrieges, den Deutschland 1939 begonnen hat, ist das Land zerstört. Im Krieg haben über 55 Millionen Menschen ihr Leben verloren, die größte Zahl davon Bürger und Bürgerinnen der Sowjetunion. Viele deutsche Soldaten bleiben jahrelang in russischer Gefangenschaft.

7

B Die Siegermächte – USA, Sowjetunion, Frankreich und Großbritannien – teilen Deutschland nach dem Krieg in vier Zonen.

C Vier Jahre nach dem Krieg verabschiedet der Verfassungsrat das „Grundgesetz“. Das ist die Geburtsstunde der Bundesrepublik Deutschland. Der erste Bundeskanzler heißt Konrad Adenauer. Die Bundesrepublik entsteht aus den Besatzungszonen der Amerikaner, Franzosen und Briten. Auf dem Gebiet der sowjetischen Zone wird im gleichen Jahr die Deutsche Demokratische Republik gegründet. Im Westen entwickelt sich ein demokratischer Staat mit freien Wahlen und einer freien Presse. Die DDR wird zu einem Einparteienstaat ohne freie Presse und freie Wahlen.

D Seit dem 20.6.1948 gibt es im Westen eine neue Währung, die Deutsche Mark (DM). In den 50er-Jahren entwickelt sich die Wirtschaft im Westen schnell. Das „Wirtschaftswunder“ beginnt. Der Wirtschaftsminister Ludwig Erhard prägt das Motto: „Wohlstand für alle“. Der VW-Käfer wird zum Wohlstandssymbol.

E Ende der 50er-Jahre gibt es in Westdeutschland praktisch keine Arbeitslosen mehr. Bald danach holt man ausländische Arbeitskräfte nach Deutschland. Zuerst aus Italien und Spanien, später dann aus den Ländern des Balkan, aus der Türkei und anderen Ländern. Von 1950 bis 2000 kommen auch 4 Millionen Spätaussiedler aus Osteuropa in die Bundesrepublik.
In der DDR entwickelt sich die Wirtschaft nur sehr langsam. Viele Menschen fliehen aus politischen und ökonomischen Gründen in den Westen. Deshalb schließt die DDR im August 1961 die Grenze.

F Bald nach 1945 beginnt der „Kalte Krieg“ zwischen dem Ostblock und dem Westen. Beide Blöcke treffen an der deutsch-deutschen Grenze aufeinander. Die Bundesrepublik orientiert sich nach Westen. 1955 tritt die Bundesrepublik der NATO, dem westlichen Militärbündnis, bei. Die DDR wird Mitglied des „Warschauer Pakts“. 1957 wird in Rom die „Europäische Wirtschaftsgemeinschaft“ (EWG) gegründet, die sich später zur „Europäischen Union“ (EU) entwickelt.

G Ende der 60er-Jahre demonstrieren junge Menschen im Westen gegen die starren Strukturen der Gesellschaft. Sie fragen nach dem Verhalten ihrer Eltern in der Zeit des Nationalsozialismus. Sie lehnen die strengen Moralvorstellungen der alten Generation ab und fordern mehr Demokratie in allen Bereichen der Gesellschaft. Im August 1968 beenden die Armeen des Warschauer Pakts die demokratischen Reformen in der Tschechoslowakei mit Gewalt.

H 1969 wird der Sozialdemokrat Willy Brandt zum Kanzler gewählt. Unter dem Motto „Mehr Demokratie wagen“ beginnt eine Reformphase in vielen Bereichen des Rechts- und Bildungssystems. Die Bundesrepublik erkennt in den Ostverträgen die Grenzen des zweiten Weltkriegs an. Willy Brandt fährt nach Warschau und kniet am Denkmal für die Ermordeten des Warschauer Ghettos nieder.

I Ende der 60er-Jahre kommt es zur ersten Wirtschaftskrise. Die Arbeitslosigkeit steigt wieder. Die Ölkrise im Jahre 1972 zeigt erstmals die „Grenzen des Wachstums“. Es werden autofreie Sonntage angeordnet – die Autobahnen bleiben leer. 1973 wird erstmals die Anwerbung ausländischer Arbeitskräfte verboten.
In den 70er-Jahren wächst die ökologische Bewegung in Deutschland, insbesondere die Bewegung gegen die Atomenergie. Seit 1980 gibt es eine ökologische Partei: Die Grünen.

J Mitte der 80er-Jahre beginnen Reformbewegungen in vielen Ländern des Ostblocks. Die DDR-Führung lehnt Reformen ab. 1989 fliehen immer mehr DDR-Bürger in den Westen. In der DDR gibt es die Montags-Demonstrationen. Am 9. November öffnet die DDR-Führung überraschend die Grenzen.
Bundeskanzler Kohl und Außenminister Genscher verhandeln mit der Sowjetunion, den USA, Großbritannien und Frankreich über die Wiedervereinigung Deutschlands. Am 3. Oktober 1990 treten die fünf östlichen Bundesländer der Bundesrepublik bei. Die Teilung Deutschlands ist zu Ende.

1 **Sehen Sie sich die Bilder an. Was kennen Sie? Sammeln Sie und sprechen Sie im Kurs.**

2 **Lesen Sie die Texte A–J. Welche Bilder passen dazu?**

3 **Worüber möchten Sie mehr wissen? Sammeln Sie im Kurs.**

Der 9. November – Vier Tage in der deutschen Geschichte

Am 9. November 1918 wird in Deutschland die erste Republik ausgerufen. Kaiser Wilhelm II. muss ins Exil nach Holland. Das deutsche Volk bekommt die Chance, sein Land selbst demokratisch zu regieren.

Am 8./9. November 1923 versuchen die Nationalsozialisten einen Putsch gegen die demokratische Regierung. Der Putsch in München scheitert und führende Nazis kommen ins Gefängnis. Adolf Hitler nutzt die Gefängniszeit, um sein Buch „Mein Kampf“ zu schreiben. Dort beschreibt er die wichtigsten Teile des mörderischen Programms, das die Nazis später in die Tat umsetzen.

In der Nacht vom 9. auf den 10. November 1938 fallen Mitglieder der NSDAP und ihre Sympathisanten über jüdische Geschäfte, Wohnungen und Synagogen her. In der Reichspogromnacht oder „Reichskristallnacht“ verwüsten aufgehetzte Menschen hunderte Synagogen und setzen sie teilweise in Brand. Tausende jüdischer Wohnungen und Geschäfte werden geplündert und zerstört. Juden werden misshandelt und getötet. Nach dem 9. November werden tausende Deutsche jüdischen Glaubens in Konzentrationslagern eingesperrt. Der 9. November 1938 ist einer der schwärzesten Tage in der deutschen Geschichte.

Grund zum Feiern gibt es am 9. November 1989. Da fällt die Mauer, die seit dem 13. August 1961 Ost- und Westberlin und die Bundesrepublik Deutschland von der DDR getrennt hat. Sie war das bekannteste Symbol der deutschen Teilung und in den Jahren vor 1989 waren viele Menschen erschossen worden, die versucht hatten, heimlich über die Mauer zu klettern. Die Öffnung der Mauer führt dazu, dass am 3. Oktober 1990 aus den beiden Deutschlands wieder ein Land wird. Die Reste der Mauer verschwinden schnell. Der 3. Oktober ist seitdem ein Feiertag, an dem in vielen Orten große Feiern stattfinden.

1 **Lesen Sie. Was waren gute Tage und was schlechte?**

2 **Wichtige historische Tage in Ihrem Land: gute oder schlechte Tage? Was tun die Menschen an diesen Tagen? Wird gefeiert? Wie?**

Der wichtigste historische Tag bei uns ist …

An diesem Tag gehen viele Leute …

Der … ist ein trauriger Tag, weil …

An diesem Tag gibt es ein großes Fest …

Der … ist zwar ein/kein Feiertag, aber …

Als die DDR verschwand

Als die DDR verschwand, war ich 12000 Kilometer von Deutschland entfernt in Brasilien. Als die Demonstrationen begannen und immer mehr Menschen flüchteten, sagten meine brasilianischen Freunde in den ersten Novembertagen: „Jetzt fällt bald die Mauer, oder?" Das war für mich unvorstellbar. „Nein, nein" sagte ich, „vielleicht ändert sich ein bisschen was in der DDR, aber so schnell fällt die Mauer nicht." Dann fiel die Mauer. „Und jetzt kommt die Wiedervereinigung, oder?", sagten sie. „Kann nicht sein!", dachte ich und sagte, „Ich sag jetzt besser nichts mehr dazu. Ich begreife nicht mehr, was da passiert."
*Lutz Rohrmann (*1953)*

An diesem Wochenende bin ich mit dem Auto von Westberlin nach Hamburg gefahren. Es gab noch die Transitstrecke mitten durch die DDR mit den strengen Kontrollen an den Grenzübergängen. Ich wunderte mich, weil so viele Trabis unterwegs waren. Am Grenzübergang fuhren sie einfach mit mir über die Grenze in den Westen. Es knallte. Aber es waren keine Schüsse, sondern Sektkorken. Gleich hinter der Grenze standen viele Menschen. Sie weinten und jubelten. Die Grenze war offen.
*Susan Kaufmann (*1957)*

Damals machte ich gerade mein Diplom an der Schauspielschule. In der Nacht, als die Mauer fiel, fuhr ich mit dem Zug von Berlin nach Rostock. Ich bin erst um Mitternacht ins Wohnheim gekommen. Am nächsten Morgen in der Schule habe ich gehört, dass die Mauer gefallen war. Da bin ich gleich wieder mit dem nächsten Zug nach Berlin zurückgefahren. Es hieß, man brauchte am Grenzübergang keinen Pass, nur den alten Ausweis. Da haben sie mich relativ schnell durchgelassen. Das war schon spannend. Aber ich habe nur drei Stunden da verbracht. Ich hatte nicht das Gefühl, ich wollte das gleich alles entdecken. Das hat man eh nicht begriffen. Es war ja wie ein Wunder. Dass das alles über Nacht passiert sein sollte, konnte man ja gar nicht glauben. Ich habe versucht, einen klaren Kopf zu bewahren. Ich habe mich zwar gefreut, aber es war eher eine stille Freude, ein Staunen.
*Pier Niemann (*1965)*

Als die Mauer fiel, war ich zu Besuch bei meiner Oma auf Rügen. Ich hab eine Wanderung gemacht und eigentlich erst mit einem Tag Verspätung erfahren, was passiert war. Da bin ich sofort nach Hause nach Erfurt gefahren und zwei Tage später mit meiner Freundin in den Westen. Es war unglaublich. Aber nach ein paar Wochen hab ich dann schon angefangen, mir Sorgen zu machen, wie das weitergeht. Da wurde immer klarer, wie bankrott die DDR war, und viele kamen aus dem Westen, um hier schnelles Geld zu verdienen.
*Erika Teubner (*1970)*

Am 09.11.1989 fuhr ich Taxi in Berlin, wie so oft an diesen Tagen, um mein Stipendium etwas aufzubessern. Eigentlich war am frühen Abend nie viel los. Auf der Karl-Marx-Allee strömten aber Massen von Menschen in Richtung Bornholmer Straße. Die ersten, die ich mitnahm, gebrauchten den damals oft gehörten Satz „Wahnsinn! Die Mauer ist auf!" Bis ich den offenen Grenzübergang sah, konnte ich es nicht glauben. Diese Nacht wurde das Geschäft meines Lebens – in der Taxifahrerkarriere, die, wie die DDR, nicht mehr lange anhielt.
*Mathias Hahn (*1963)*

1 Lesen Sie die Texte. Finden Sie heraus:

Wer – war nicht in Deutschland?
- konnte nicht verstehen, was da passierte?
- war total überrascht?
- brauchte Zeit, um zu verstehen, was da passierte?
- fühlte sich sehr glücklich?
- wusste, dass die Wiedervereinigung kommt?
- hatte auch Angst vor der Zukunft?
- hat am 9.11. gar nichts mitbekommen?

2 Oft erinnert man sich sehr genau, was man in bestimmten ganz wichtigen historischen Momenten gemacht hat. Kennen Sie auch solche Momente? Erzählen Sie.

Am 11. September 2001 hab ich wie immer den Fernseher angemacht, als ich von der Arbeit nach Hause kam. Ich wollte Nachrichten sehen. Stattdessen kam ein Katastrophenfilm mit brennenden Wolkenkratzern ...

Der Weg nach Europa

Viele Jahrhunderte lang gab es in Europa immer wieder kleine und große Kriege. Von 1618 bis 1648 herrschte 30 Jahre Krieg. Allein zwischen 1870 und 1945 führten Frankreich und Deutschland dreimal Krieg gegeneinander. Nach dem Zweiten Weltkrieg war klar: Es darf keinen Krieg mehr geben. Die Länder Europas müssen zusammenarbeiten.

Europaparlament, Straßburg

1951 Belgien, Deutschland, Luxemburg, Frankreich, Italien und die Niederlande gründen die Europäische Gemeinschaft für Kohle und Stahl (EGKS).

1957 Der Vertrag von Rom begründet die Europäische Wirtschaftsgemeinschaft (EWG).

1967 Die Europäische Kommission, der Ministerrat und das Europäische Parlament werden eingeführt.

1979 Erste direkte Wahlen zum Europäischen Parlament.

1992 Der Vertrag von Maastricht begründet die Europäische Union. Die Zusammenarbeit der Mitgliedsstaaten wird intensiviert, z.B. in der Verteidigungspolitik, der Justiz- und der Innenpolitik. Nach und nach werden die Gesetze und Verordnungen der Mitgliedsländer vereinheitlicht (z.B. Handelsregeln, Verkehrsregeln, Führerscheine ...).

Seit den 90er-Jahren kann man problemlos durch Europa reisen. Pass- und Zollkontrollen an den Grenzen zwischen den EU-Staaten gibt es fast nicht mehr. EU-Bürger/innen dürfen überall in der EU leben und arbeiten. Seit 1987 haben mehr als eine Million junger Europäer mit Unterstützung der EU im Ausland studiert oder eine Ausbildung gemacht.

2002 Einführung des Euro in zwölf der 25 Mitgliedsstaaten der Europäischen Union: Belgien, Deutschland, Finnland, Frankreich, Griechenland, Irland, Italien, Luxemburg, Niederlande, Österreich, Portugal und Spanien

Die EU ist immer größer geworden.

1973 Dänemark, Irland und Großbritannien treten bei.

1981 Beitritt Griechenlands

1986 Beitritt von Spanien und Portugal

1995 Beitritt von Österreich, Finnland und Schweden

2004 Zypern, die Tschechische Republik, Estland, Ungarn, Lettland, Litauen, Malta, Polen, die Slowakei und Slowenien werden aufgenommen.

Die Europäische Union ist heute ein Wirtschaftsraum mit über 300 Millionen Menschen, größer als die USA oder Russland. Sie exportiert 25% mehr als die USA und doppelt so viel wie Japan. Die Zukunft der Europäischen Union hängt davon ab, ob es gelingt, die politische und gesellschaftliche Integration voranzubringen. Das ist aber nicht nur eine Aufgabe der Politik, sondern hängt auch vom Engagement der europäischen Bürgerinnen und Bürger ab.

1 Europa – Schreiben Sie das Wort an die Tafel und sammeln Sie Stichwörter.

2 Lesen Sie die Texte. Welche Informationen finden Sie zu diesen Zahlen und Wörtern?

1618-48 – 1870-1945 – Rom – Maastricht – 25 – 12 – 25% – Japan – Engagement

3 „Europa" – Was bedeutet das für Sie persönlich? Sprechen Sie im Kurs.

4 Was möchten Sie genauer wissen? Sammeln Sie Themen.

Ein Quiz zur Landeskunde

Sie können zu zweit oder zu viert (in zwei Gruppen) spielen.
Ihre Kursleiterin / Ihr Kursleiter ist Schiedsrichter/in.

TIPP: Bereiten Sie sich zu Hause auf das Spiel vor.

Das Spiel:

1. Lösen Sie die Aufgabe.
   Legen Sie eine Münze auf ein Feld.
2. Dann legt die Gegenpartei eine Münze.
3. Wer zuerst drei Münzen in einer Reihe hat (⥮, ↓↑, ↘↖, ↙↗), hat gewonnen.

Wie hieß das Land?

Nennen Sie zwei deutsche Bundeskanzler.

Wo tagt das deutsche Parlament?

Wie viele Bundesländer hat die Bundesrepublik?
6
12
16
22

Wann war der Erste Weltkrieg zu Ende?
1522
1648
1871
1918

Wann wurde die Bundesrepublik gegründet?

Warum hat Willy Brandt in Warschau vor einem Denkmal gekniet?

Wo wurden die ersten Verträge für die spätere EU unterzeichnet?

Seit wann gibt es das „Grundgesetz"?

Welche Flagge ist das?

Welche alte Währung zeigt diese Münze?

Wo tagt das europäische Parlament?

Was bedeuten diese Abkürzungen?
BRD
DDR
EU

Wann war der Zweite Weltkrieg zu Ende?
1918
1939
1945
1989

Wie viele Mitgliedsstaaten hat die EU seit 2004?
15
25
35

Nennen Sie drei Nachbarländer von Deutschland.

Was feiert man in Deutschland am 3. Oktober?

Wie hieß der Bundeskanzler, der zur Zeit der Wieder–vereinigung (1989/90) regierte?

Wie viele Einwohner hat die EU?
150 Mio
über 200 Mio
über 300 Mio
600 Mio

Nennen Sie 5 Mitgliedsländer der EU.

In wie vielen Ländern gilt heute der Euro?
12
15
25

Welche Stichwörter passen zu 1968?
Ölkrise
Studentenrevolte
Tschechoslowakei
11. September

Woher kamen die ersten „Gastarbeiter"?
Spanien
Italien
Türkei

Ordnen Sie nach der Zahl der Einwohner:
USA
Russland
China
EU
Indien

Welche Parteien bilden zurzeit die Bundesregierung?

Wo ist meine Zeit geblieben?

vorgestern	gestern	heute
7.00 aufstehen		
8.00 – 11.00 arbeiten		
19.00 Zeitung lesen		

schlafen
aufstehen
frühstücken
Mittag essen
zur Arbeit fahren
lesen
fernsehen
putzen
aufräumen
mit den Kindern spielen
Essen kochen
Freunde treffen
einkaufen
Zeitung lesen
ein Buch lesen
Wäsche waschen
Zähne putzen
duschen
arbeiten:
- mit Menschen
- mit Maschinen
- im Büro
- im Freien
- in der Fabrik

…

Eigentlich lese ich gerne, aber das Buch war langweilig.

1 Notieren Sie: Was haben Sie in den letzten drei Tagen gemacht? Erzählen Sie: Was haben Sie wann gemacht? Wie lange?

Am ersten Tag bin ich um 7 Uhr aufgestanden. Ich habe drei Stunden Zeitungen ausgetragen. Um ein Uhr habe ich eine Pause gemacht und Mittag gegessen. Dann habe ich mit den Kindern gespielt. …

2 Markieren Sie Ihre Notizen mit Farben:

Das habe ich gerne gemacht.
Das habe ich nicht gerne gemacht.
Das war interessant.
Das war langweilig.

Pause	
einkaufen	

Ich bin gerne unter Leuten. Ich finde es interessant, mich mit anderen auszutauschen.

Ich arbeite gerne im Garten.

Die Deutschen und ihre Zeit – Testen Sie sich selbst.

1 Was passt Ihrer Meinung nach? Kreuzen Sie an:

1. Wie lange arbeiten die meisten vollbeschäftigten Arbeitnehmer/innen in der Woche?
   - ☐ 40 Stunden
   - ☐ 20 Stunden
   - ☐ 35 Stunden
   - ☐ 45 Stunden

2. Nach wie vielen Stunden Arbeit muss eine Pause gemacht werden?
   - ☐ nach 2 Stunden
   - ☐ nach 6 Stunden
   - ☐ nach 3 Stunden
   - ☐ nach 7 Stunden

3. Wie viel Schlaf brauchen die Deutschen im Durchschnitt?
   - ☐ 4 Stunden
   - ☐ 6 Stunden
   - ☐ 10 Stunden
   - ☐ 8 Stunden

4. Wie viele offizielle Feiertage gibt es in Deutschland?
   - ☐ 7
   - ☐ 20
   - ☐ 11
   - ☐ 14

5. Wann dürfen Geschäfte in Deutschland nicht öffnen?
   - ☐ freitags ab 18 Uhr
   - ☐ samstags ab 14 Uhr
   - ☐ mittwochs bis 10 Uhr
   - ☐ sonntags

6. Welche Entschuldigungen sind bei Verspätungen akzeptabel?
   - ☐ Ich stand im Stau.
   - ☐ Ich habe verschlafen.
   - ☐ Der Bus hatte Verspätung.
   - ☐ Ich musste noch telefonieren.

7. Wann gilt eine Verspätung bei privaten Einladungen als unhöflich?
   - ☐ 20 Minuten zu spät
   - ☐ 15 Minuten zu spät
   - ☐ 5 Minuten zu spät
   - ☐ 30 Minuten zu spät

8. Wann erwartet man Sie, wenn man Sie zum Abendessen einlädt?
   - ☐ 18 Uhr
   - ☐ 21 Uhr
   - ☐ 20 Uhr
   - ☐ 19 Uhr

9. Wie viel Prozent der Deutschen essen selten oder nie gemeinsam mit ihrer Familie?
   - ☐ 20 %
   - ☐ 14 %
   - ☐ 3 %
   - ☐ 11 %

2 Wie ist das in den Ländern, aus denen Sie kommen?

Wie lange arbeiten dort die Leute?
Wie viele Feiertage gibt es dort?
Wann wird dort gegessen?
Was ist dort pünktlich?
Was ist dort unpünktlich?

3 Gibt es Unterschiede zu Deutschland? Welche? Wie erklären Sie sich die Unterschiede?

Also, ich finde ja, dass es in Deutschland viel mehr Uhren gibt als bei uns.

Wie lange machen Sie was: täglich, wöchentlich, monatlich?

Formulare ausfüllen

eine Zigarette rauchen

mit einem Amt / einer Behörde telefonieren

an der Kasse stehen

Zeitung lesen

fernsehen

mit Nachbarn reden

Freunde aus dem eigenen Land treffen

beim Arzt warten

sich um eine Arbeit bewerben

Deutsch lernen

einen Übersetzer suchen

eine Behörde / ein Amt aufsuchen

1 **Was machen Sie besonders oft?**
Welche Handlungen sind für Sie besonders wichtig?
Was müssen Sie auf jeden Fall machen?
Was machen Sie freiwillig?

2 **Brauchen Sie für manche Tätigkeiten zu viel Zeit? Für welche?**
Nehmen Sie sich für manche Tätigkeiten zu wenig Zeit? Für welche?
Haben Sie genug Zeit für sich?
Wie bekommen Sie mehr Zeit für die Familie, Freunde und Hobbys?

Sich hetzen – oder: Eile mit Weile

3 **Welche Begriffe fallen Ihnen ein?**
Erinnern Sie sich an Situationen ...
... in denen Sie sich sehr beeilt haben?
... in denen Sie lange gewartet haben?
Wann ist es sinnvoll, sich sehr zu beeilen?
Wann ist es sinnvoll, zu warten?

sich beeilen

Eile

schnell

Das Gras wächst nicht schneller, wenn man daran zieht.
Afrikanisches Sprichwort

Zeitmanagement

Ratgeber: So wird Ihre Zeit knapper

1. Nutzen Sie Ihre Zeit frei und ohne Kontrolle. Terminkalender nehmen den Spaß am Leben.
2. Wenn das Telefon klingelt, müssen Sie sofort abnehmen!
3. Gespräche unter drei Stunden Dauer sind nutz- und wertlos.
4. Achten Sie darauf, dass Sie bei jedem Gespräch möglichst lange zu Wort kommen, auch wenn das für das Thema nicht so wichtig ist.
5. Pünktlich sein kann jeder! Kommen Sie immer etwas zu spät. Dann beachtet man Sie.
6. Alles ist wichtig. Achten Sie immer auf jedes Detail.
7. Wenn andere ein Problem haben, versuchen Sie immer zu helfen.
8. Erledigen Sie alles sofort, so, wie es kommt.
9. Nur was Sie selbst tun, ist wirklich richtig getan.
10. Wer es allen recht macht, hat viele Freunde.

1 **Wie gefällt Ihnen dieser Ratgeber? Schreiben Sie einen eigenen Ratgeber: So nutzen Sie Ihre Zeit besser.**

Arbeitszeit und Freizeit

Die Trennung des Arbeitstages in Arbeitszeit und Freizeit ist noch gar nicht so alt. Etwa 200 Jahre.
Als Arbeitszeit verstehen wir heute die Zeit, die wir für den Beruf nutzen, um Geld zu verdienen.
In der Freizeit erholen wir uns und pflegen unsere Hobbys. Wir machen etwas mit unserer Familie oder unseren Freunden. Wir spielen, lesen, treiben Sport, machen Musik, malen oder forschen.
Die Freizeit ist aber nicht nur „freie Zeit“. Die Arbeit bleibt wichtig. In der Freizeit kann man nicht nur tun, was man will, denn man muss sich z. B. erholen, um danach wieder arbeiten zu können. Man muss sich auch um die Wohnung kümmern, man muss einkaufen, Essen zubereiten. Manchmal muss man in der Freizeit auch lernen, um im Beruf fit zu bleiben. Kurz: Man muss einen großen Teil der Freizeit nutzen, um seine Arbeitskraft zu erhalten.

2 **Lesen Sie den Text und sehen Sie sich die Statistik an. Was ist Ihrer Meinung nach „Freizeit“?**

Bezahlte und unbezahlte Arbeit pro Woche

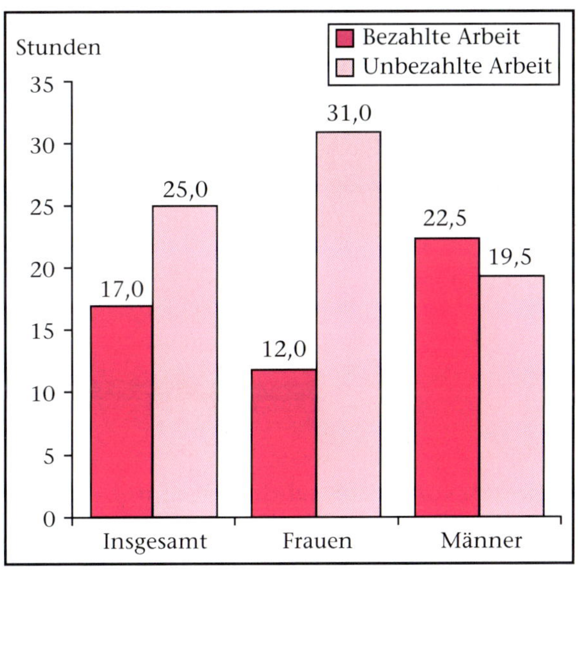

Arbeitszeitmodelle

Die so genannte „Normalarbeitszeit“ wird meistens in Tarifverträgen festgelegt. Sie beträgt ca. 35 bis 40 Stunden pro Woche. Es gibt aber immer mehr Modelle zur Arbeitszeit. Nicht immer sind die Arbeitszeiten gleichmäßig über die Tage, Wochen oder Monate verteilt.

Teilzeit
Als Teilzeitarbeit gelten alle Arbeitszeiten mit weniger als der normalen Vollzeit. Teilzeitarbeit ist also die Halbtagsstelle oder eine Drei-Tage-Woche. Teilzeitarbeit ist aber auch eine Beschäftigung, wenn nur drei oder vier Stunden weniger als üblich gearbeitet wird.

Gleitende Arbeitszeit (Gleitzeit)
Die Arbeitszeit wird bei der gleitenden Arbeitszeit (GLAZ) in eine Kernzeit und eine Gleitzeit aufgeteilt. Während der Kernarbeitszeit besteht Anwesenheitspflicht, in der Gleitzeit kann aber jeder Mitarbeiter den Beginn und das Ende seiner täglichen Arbeitszeit selbst bestimmen. Er muss nur insgesamt die Arbeitszeit einhalten.

Manchmal kann ich nicht einschlafen, wenn ich nach Hause komme. Meine Familie steht dann gerade auf.

Also, wenn alles klappt, fahre ich nächsten Sommer zwei Monate in Urlaub.

Schichtarbeit
Mehrere Arbeitnehmer arbeiten abwechselnd an einem Arbeitsplatz in Schichten – z.B. in Frühschicht, Spätschicht, Nachtschicht. Diese Arbeitsform ist in Betrieben üblich, bei denen an jedem Tag und zu jeder Stunde gearbeitet werden muss (z.B. Stahlwerk, Krankenhaus, Bahn, Polizei ...).

Jahresarbeitszeit
Die Arbeitszeit wird für das ganze Jahr festgelegt (z.B. 1650 Stunden pro Jahr). Man arbeitet dann zum Teil die normale Wochenarbeitszeit (35–40 Stunden). In anderen Wochen kann man aber länger oder auch kürzer arbeiten. Die tägliche bzw. wöchentliche Arbeitszeit ist unterschiedlich, je nach Auftragslage der Firma.

Länger kann ich sowieso nicht arbeiten. Ich muss ja meinen Sohn um zwei Uhr vom Kindergarten abholen.

Das kam jetzt doch überraschend. Wir sollen ab der nächsten Woche jeden Tag zwei Stunden mehr arbeiten.

Das Geld reicht aber leider nicht. Entweder ich muss noch einen zweiten Job suchen – oder eine Ganztagsstelle.

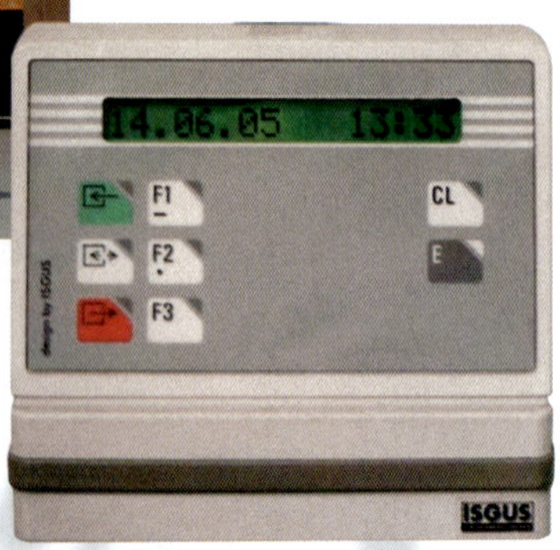

Morgen muss ich schon um vier Uhr gehen, das habe ich meiner Tochter versprochen. Ich bleibe deshalb heute lieber ein bisschen länger.

1 **Aussagen von Arbeitnehmern zu ihrer Arbeit – Lesen Sie die Sprechblasen. Über welches Modell von Arbeitszeit reden sie?**

2 **Welche Vorteile und Nachteile sehen Sie für die Modelle?**

Die Sprache und die Zeit

... die Zeit vergessen

Die Zeit vergeht wie im Flug.

Die Sekunden kriechen.

Dem lieben Gott die Zeit stehlen.

...ein kurzes Weilchen

... die Zeit totschlagen

... ein kleines Viertelstündchen

... endlose Wartezeiten

Kommt Zeit, kommt Rat.

Er ist auf der Höhe der Zeit.

... seiner Zeit voraus sein

1 **Was bedeuten diese „Sprachbilder"? Wählen Sie drei aus und versuchen Sie, sie zu erklären.**

2 **Welche Bilder gibt es in Ihrer Sprache zu dem Begriff „Zeit"?**

Was ist Zeit?

Wenn mich niemand fragt, dann weiß ich es; sobald ich aber gefragt werde, kann ich es nicht erklären.
Augustinus

Wenn man zwei Stunden lang mit einem netten Mädchen zusammensitzt, meint man, es wäre eine Minute. Sitzt man jedoch eine Minute auf einem heißen Ofen, meint man, es wären Stunden. Das ist Relativität.
Albert Einstein, Physiker

Gerade dann, wenn wir die Zeit am liebsten aufhalten würden, saust sie uns durch die Finger, während sie umgekehrt um so langsamer dahinkriecht, je größer unser Wunsch ist, sie möge schnell vergehen.
Arnold Hinz

Die Zeit ist eine Uhr ohne Ziffern.
Antwort des kleinen Sohns von Ernst Bloch auf die Frage: „Was ist Zeit?"

Zeit ist, was verhindert, dass alles auf einmal passiert.
Hohn A. Wheeler

Ein Mensch hört gern in Zeit, in trüber,
den Trost, dies alles geh' vorüber.
Doch geht dabei,
das ist es eben,
vorüber auch sein kurzes Leben.
Eugen Roth, Schriftsteller

Eins, zwei drei im Sauseschritt,
läuft die Zeit, wir laufen mit.
Wilhelm Busch, Zeichner und Schriftsteller

3 **Welche der Zitate links gefallen Ihnen? Warum?**

4 **Welche Erfahrungen haben Sie mit der Zeit? Wann kommt Ihnen eine Stunde lange vor, wann ist sie kurz?**

Bürgerpflichten

Steuern bezahlen ist eine Pflicht. Man muss Steuern bezahlen, wenn man Geld verdient. Niemand zahlt gerne Steuern.

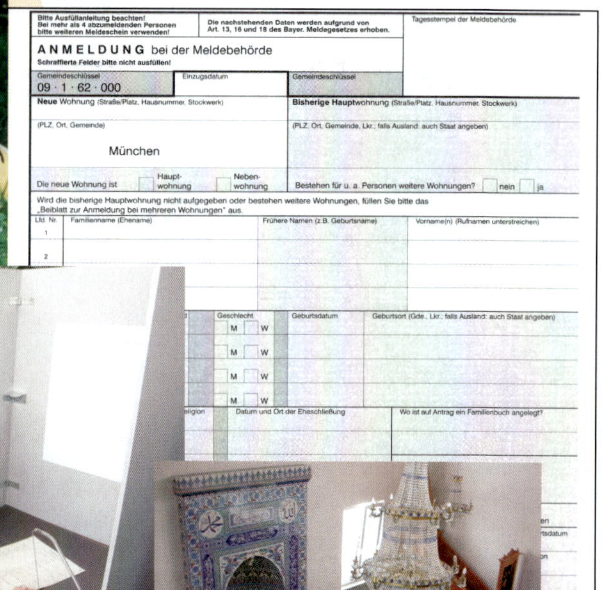

Bitte Ausfüllanleitung beachten!
Bei mehr als 4 abzumeldenden Personen bitte weiteren Meldeschein verwenden!

Die nachstehenden Daten werden aufgrund von Art. 13, 16 und 18 des Bayer. Meldegesetzes erhoben.

Tagesstempel der Meldebehörde

ANMELDUNG bei der Meldebehörde
Schraffierte Felder bitte nicht ausfüllen!

Gemeindeschlüssel	Einzugsdatum	Gemeindeschlüssel
09 · 1 · 62 · 000		

Neue Wohnung (Straße/Platz, Hausnummer, Stockwerk)

Bisherige Hauptwohnung (Straße/Platz, Hausnummer, Stockwerk)

(PLZ, Ort, Gemeinde) München

(PLZ, Ort, Gemeinde, Lkr.; falls Ausland: auch Staat angeben)

Die neue Wohnung ist ☐ Hauptwohnung ☐ Nebenwohnung

Bestehen für u. a. Personen weitere Wohnungen? ☐ nein ☐ ja

Wird die bisherige Hauptwohnung nicht aufgegeben oder bestehen weitere Wohnungen, füllen Sie bitte das „Beiblatt zur Anmeldung bei mehreren Wohnungen" aus.

Lfd. Nr.	Familienname (Ehename)	Frühere Namen (z.B. Geburtsname)	Vorname(n) (Rufnamen unterstreichen)
1			
2			

Geschlecht	Geburtsdatum	Geburtsort (Gde., Lkr.; falls Ausland: auch Staat angeben)
M ☐ W ☐		
M ☐ W ☐		
M ☐ W ☐		
M ☐ W ☐		

Religion | Datum und Ort der Eheschließung | Wo ist auf Antrag ein Familienbuch angelegt?

Rechte und Pflichten

1 **Was ist ein Recht und was eine Pflicht? Was ist beides? Sehen Sie sich die Bilder an und ordnen Sie zu. Sprechen Sie dann im Kurs darüber.**

Testen Sie sich selbst.

1 Wichtige Rechte und Pflichten – Welche Aussagen sind richtig? Kreuzen Sie an. Vergleichen Sie zuerst mit einer Partnerin / einem Partner und dann im Kurs.

1. ☐ Männer und Frauen haben laut Gesetz die gleichen Rechte.

2. ☐ In der Öffentlichkeit muss der Mann die Familie vertreten.
3. ☐ Eltern haben die Pflicht, ihre Kinder zu erziehen.
4. ☐ Wenn die Kinder nicht gehorchen, muss man sie notfalls auch körperlich bestrafen.
5. ☐ Jeder Einwohner Deutschlands darf wählen.

6. ☐ Alle Bürgerinnen und Bürger müssen entsprechend ihrem Verdienst Steuern bezahlen.
7. ☐ Vor Gericht sind alle Menschen gleich.
8. ☐ Niemand kann mir vorschreiben, was ich in meiner Wohnung tue oder nicht tue.
9. ☐ Die Nachbarn müssen tolerieren, wenn ich gerne laut Musik höre.

10. ☐ Wer Eigentum hat (z.B. ein Haus oder ein Auto), kann damit machen, was er will.

11. ☐ Alle deutschen Staatsbürger über 18 Jahre müssen wählen gehen.
12. ☐ Die Polizei darf jederzeit in meiner Wohnung nachsehen, ob alles in Ordnung ist.
13. ☐ Wenn dem Staat eine politische Meinung nicht passt, dann darf er sie zum Schutz der Gesellschaft verbieten.
14. ☐ Wenn jemand meinen Parkplatz belegt, dann blockiere ich sein Auto, das ist mein Recht.
15. ☐ Man muss einen Ausweis besitzen und auf Verlangen auch vorlegen.

So steht es im Grundgesetz:

Art. 33 Abs. 1: Jeder Deutsche hat ... die gleichen staatsbürgerlichen Rechte und Pflichten. Der Bestand des demokratischen Rechtsstaates hängt von der Einsicht eines jeden Bürgers ab, dass Rechte und Pflichten eine untrennbare Einheit bilden.

2 Lesen Sie den Text und finden Sie Beispiele aus Ihrem Alltag für den zweiten Satz.

Man sollte …

Das heißt z.B., dass alle Kinder ein Recht auf Schule haben und ...

Man muss … und man darf …

Beispiel 1: Die Schulpflicht

In ganz Deutschland besteht Schulpflicht. Die Erziehungsberechtigten, normalerweise die Eltern, müssen ihre Kinder zur Schule schicken. Wenn sie das nicht tun, werden sie bestraft. Schulpflichtige Kinder und Jugendliche können im Extremfall auch zwangsweise zur Schule gebracht werden. Zur Schulpflicht gehört auch die Teilnahme am Sportunterricht und an Schulausflügen. Bestimmte Religionszugehörigkeiten begründen allein noch keine Ausnahmen.

In anderen Ländern ist es dagegen möglich, unter bestimmten Bedingungen die eigenen Kinder auch zu Hause selbst zu unterrichten.

Die Pflicht zum Besuch einer allgemeinbildenden Vollzeitschule beträgt 9 oder 10 Jahre. Anschließend muss der Jugendliche drei Jahre lang eine Berufsschule in Teilzeitform neben der praktischen Berufsausbildung besuchen. In den meisten Bundesländern kann man die Berufsschulpflicht auch durch den Besuch einer einjährigen beruflichen Schule in Vollzeitform ableisten. Die Schulpflicht endet immer mit dem Erreichen der Volljährigkeit (18. Lebensjahr).

1. In Deutschland müssen alle Kinder ...
2. Wenn Eltern ihre Kinder nicht zur Schule schicken ...
3. Notfalls kann die Polizei die Kinder ...
4. Die meisten Kinder gehen mindestens ...
5. Nach der allgemeinbildenden Schule machen viele eine ...
6. Während der Lehre gehen die Jugendlichen in ...
7. Wenn man 18 ist ...

1 Lesen Sie den Text und ergänzen Sie dann die Aussagen 1–7.

2 Sprechen Sie im Kurs:

- Wie ist das in Ihrem Herkunftsland?
- Was meinen Sie: Darf man Menschen zwingen, in die Schule zu gehen?
- Warum legt der Staat wohl so großen Wert darauf, dass alle eine Schule besuchen?
- ...

3 Schulpflicht und Schule in Deutschland – Was möchten Sie noch wissen? Sammeln Sie Fragen im Kurs. Verteilen Sie die Fragen und versuchen Sie, die Antworten herauszufinden.

Wie viel Geld kostet die Schule?
Wer bezahlt die Bücher und Schulmaterialien?
Gibt es ein Recht auf Kindergarten?
Wie ist das mit der Berufsausbildung?
Warum ...?
Wo ...
Wann ...

Beispiel 2: Steuern bezahlen – die unangenehmste Pflicht

Männer und Frauen, die in Deutschland wohnen, müssen für alles, was sie verdienen, Steuern bezahlen (z.B. Arbeitslohn, Mieteinnahmen, Nebentätigkeiten, Verkäufe usw.). Diese Steuer heißt Einkommenssteuer.

Die Einkommenssteuer wird nach dem Ende des jeweiligen Jahres berechnet. Dann wird festgestellt, wie viel Steuern man genau bezahlen muss. Dazu muss jeder eine „Steuererklärung" abgeben, der verschiedene Einkünfte hat.

Wenn man in einem Betrieb arbeitet, also Lohn oder Gehalt bekommt, dann wird die „Lohnsteuer" jeden Monat davon abgezogen. Am Ende des Jahres kann man dann die „Steuererklärung" machen.
Es kann dann sein, dass man noch etwas Geld zurückbekommt oder man muss noch etwas bezahlen. Wenn man noch andere Einnahmen hat (z.B. Nebenjobs), für die man noch keine Steuern bezahlt hat, dann muss man noch etwas bezahlen.

Einige andere Steuern

Mehrwertsteuer (alle Waren und Dienstleistungen)
Mineralölsteuer (Benzin …)
Tabaksteuer (Zigaretten …)
KfZ-Steuer (Autos …)
Gewerbesteuer
Grundsteuer
Erbschaftssteuer

Wer seine Steuern nicht bezahlt, wird bestraft. Das können Geldstrafen oder sogar Gefängnisstrafen sein.

Neben den Steuern gibt es noch Abgaben, das sind z.B. die Abgaben für die Müllentsorgung oder für die Finanzierung der Feuerwehr.

	r	f
1. Wenn man viel Geld verdient, muss man Steuern bezahlen.	☐	☐
2. Die Lohnsteuer wird jeden Monat vom Gehalt abgezogen.	☐	☐
3. Am Jahresende bekommt man Geld zurück.	☐	☐
4. Wenn man besondere Ausgaben oder neben dem Lohn noch andere Einnahmen hatte, dann macht man eine „Steuererklärung".	☐	☐
5. Die Mehrwertsteuer bezahlt man immer, wenn man im Laden etwas kauft.	☐	☐
6. Wer keine Steuern bezahlt, braucht sich keine Sorgen zu machen. Wenn es bemerkt wird, zahlt man eben später.	☐	☐

1 **Sehen Sie sich die Karikatur an. Was sagen Sie zum Thema „Steuern"?**

2 **Lesen Sie den Text und kreuzen Sie bei 1–6 an: Was ist richtig, was ist falsch? Korrigieren Sie die falschen Aussagen.**

Pro und Kontra Steuern

1 Bilden Sie zwei Gruppen. Gruppe A sammelt Argumente, warum man Steuern braucht. Gruppe B sammelt Argumente, warum man Steuern sehr stark reduzieren sollte. Hier sind einige Stichworte, die Ihnen vielleicht helfen:

Polizei – Schulen – Krankenhäuser – Gerichte – Straßen – den Armen helfen – private Initiative – Bürger helfen Bürgern – der Staat verschwendet Geld – privat = effektiv – Familie – andere Länder – Militär – Korruption

Projektvorschlag: Rechte und Pflichten im Alltag in meiner Stadt/Gemeinde.

a Wie funktioniert das mit dem Müll?
b Wer kann mir helfen, wenn ich Probleme mit den Nachbarn habe?
c Gebühren: Was muss ich bezahlen und wofür wird das Geld verwendet?
d Wo finde ich was/wen in der Stadt- oder Gemeindeverwaltung?

Quellen: Homepage Ihrer Gemeinde, im Bürgerbüro fragen, ins Rathaus gehen, bei der örtlichen Zeitung fragen …

Hilfe bei der Steuererklärung können Sie hier bekommen:

- ▷ Finanzamt (siehe örtliches Telefonbuch): www.finanzamt.de
- ▷ Gewerkschaften (kostenlose Beratung für Mitglieder), z.B.: www.verdi-lohnsteuerservice.de/
- ▷ Bürgerbüro (in vielen Städten und Gemeinden)
- ▷ Lohnsteuerhilfeverein (gebührenpflichtig): z.B. www.aktuell-verein.de/

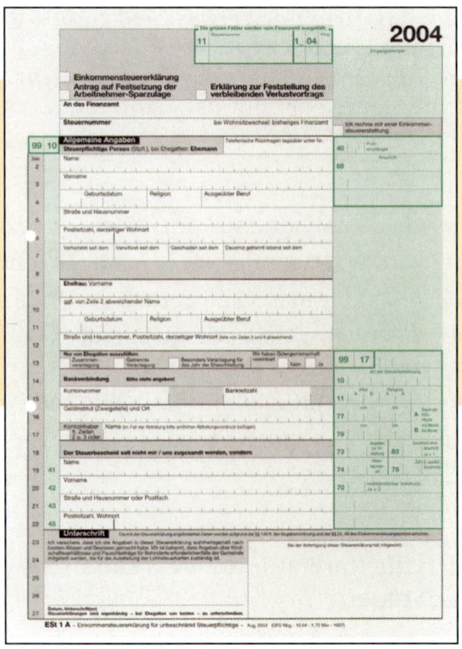
2004
Einkommensteuererklärung
Antrag auf Festsetzung der Arbeitnehmer-Sparzulage
Erklärung zur Feststellung des verbleibenden Verlustvortrags
An das Finanzamt
Steuernummer
Allgemeine Angaben
Unterschrift

2 Welche Pflichten oder Rechte sind in Ihrem Land wichtig, die Sie in Deutschland bisher nicht kennen gelernt haben?

Familie – Religion – Wahlen – Umwelt – Arbeit – Dorf – Stadt …

Zusammen leben

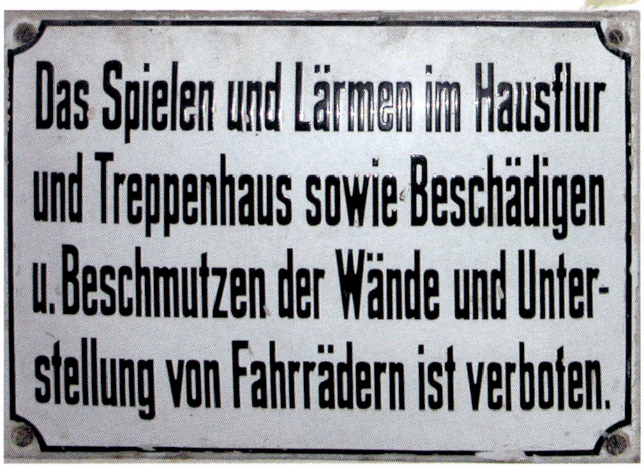

1 **Sehen Sie sich das Bild an. Welche Probleme gibt es in diesem Haus? Was kann man tun?**

Projekt: Hausordnungen

Die Hausordnung regelt das Zusammenleben der Mieter. Sie ist oft Teil des Mietvertrags. Sie enthält meistens Regeln zu diesen Bereichen: Lärm – Kinder – Sicherheit – Putzen – gemeinsam genutzte Räume und Flächen.

Bringen Sie die Hausordnungen aus Ihren Häusern mit. Vergleichen Sie im Kurs. Was finden Sie sinnvoll? Was finden Sie seltsam?

Religiöse Vielfalt

Beziehungen

Kultur
Leben
Religion
Frieden
Streit
Toleranz

Armut
Sicherheit
Kinder
Gewalt
Kirche

Angst
Zweifel
Krieg
Menschenrechte
Geld
Liebe
Familie
Freiheit
Glaube

1 Schauen Sie sich die Wortkarten einige Minuten an. Wählen Sie dann zwei Karten aus. Sprechen Sie in kleinen Gruppen über die Beziehung zwischen den beiden Begriffen.

Wie wichtig ist Religion?

Aber Religion bedeutet doch für jeden etwas anderes. Also für mich ...

100%			0%
sehr wichtig	ziemlich wichtig	nicht so wichtig	unwichtig

In einer Untersuchung wurden Menschen aus vielen Ländern gefragt: Sind Sie eine religiöse Person?

Hier die Ergebnisse:

95% Polen	75% Mexiko	56% Russland
88% Brasilien	73% Argentinien	51% Frankreich
86% Italien	73% Slowenien	**38% Ostdeutschland**
84% Indien	72% Irland	36% Bulgarien
84% USA	71% Kanada	31% Schweden
83% Südafrika	70% Spanien	26% Japan
81% Österreich	**65% Westdeutschland**	21% Estland
75% Rumänien	59% Finnland	5% China
75% Türkei	57% Ungarn	

1 Wie wichtig ist Religion für Sie selbst? Markieren Sie auf der Skala oben. Vergleichen Sie Ihre Ergebnisse mit der Statistik.

2 Was ist an Religion für Sie oder andere Menschen wichtig?

- ☐ die Geschichte aus der Vergangenheit
- ☐ die Musik
- ☐ die religiösen Erfahrungen
- ☐ dass man keine Angst vor dem Tod hat
- ☐ die Feste
- ☐ das Verhalten im Alltag
- ☐ die Hilfe für andere
- ☐ das Gebet
- ☐ die Stille
- ☐ dass man mit Menschen zusammen ist
- ☐ die Schönheit des Gotteshauses
- ☐ die Konsequenzen für die Politik

3 Überlegen und diskutieren Sie in kleinen Gruppen:

- Welche Religionen kennen Sie?
- Welche Religionen prägen die deutsche und europäische Kultur?
- Was meinen Sie? Wie viele Religionen und religiöse Bewegungen gibt es in Deutschland?
- Wie heißen die beiden großen christlichen Kirchen in Deutschland? Was unterscheidet sie?
- Wie viele Moslems leben in Deutschland (bei einer Gesamtbevölkerung von ca. 82 Millionen)?
- Welche religiösen Feiertage kennen Sie?

Fronleichnamsprozession am Staffelsee

- Welche christlichen Feiertage kennen Sie?
- Was versteht man unter Atheismus?
- In welchen Ländern ist Religion Ihrer Meinung nach besonders wichtig?

4 Überlegen Sie gemeinsam: Wo können Sie sich informieren, wenn Sie Antworten auf die Fragen suchen? Sammeln Sie alle Möglichkeiten im Kurs.

Projekt: Möchten Sie ein Gotteshaus besuchen? Welche kann man besuchen? Was muss man beachten?

Religion

Religiöse Menschen glauben in der Regel an einen Gott oder mehrere Gottheiten oder an ein übergeordnetes Prinzip. In der Menschheitsgeschichte hat Religion über Jahrtausende die Kulturen geprägt: Viele Schriftsteller, Komponisten, Maler und Baumeister wurden von ihrem Glauben zu großen Werken angeregt. Die meisten Religionen kennen Priester, die die Religion lehren, und heilige Orte und Handlungen.

Religionen haben Regeln und Gesetze. Hinter religiösen Gesetzen stehen oft moralische Prinzipien, die das friedliche Zusammenleben der Menschen regeln.

Zum Beispiel fordern alle Weltreligionen von ihren Mitgliedern, sich fürsorglich um andere Menschen zu kümmern. Viele Gesetze sollen aber einfach dem Wohl des Einzelnen dienen, z. B. Krankheiten verhindern.

Im Namen unterschiedlicher Religionen wurden und werden aber auch Kriege geführt und Verbrechen begangen. Die Gläubigen sehen darin meist einen Missbrauch ihrer Religion. Religionskritiker aber sprechen von einer Tendenz zu Fanatismus und Grausamkeit bei allen Religionen.

1. Religiöse Menschen glauben	a über Jahrtausende die Kulturen geprägt.
2. Im Namen unterschiedlicher Religionen wurden und werden	b von ihrem Glauben zu großen Werken angeregt.
3. Die meisten Religionen kennen Priester,	c in der Regel an einen Gott oder mehrere Gottheiten.
4. In der Menschheitsgeschichte hat Religion	d moralische Prinzipien, die das friedliche Zusammenleben der Menschen regeln.
5. Viele Schriftsteller, Komponisten, Maler und Baumeister wurden	e die die Religion lehren.
6. Hinter religiösen Gesetzen stehen häufig	f auch Kriege geführt und Verbrechen begangen.

1 **Suchen Sie im Text alle Wörter, die mit Religion zu tun haben:** ***religiös, glauben …***

2 **Kombinieren Sie die Satzelemente 1–6 und a–f so, dass Sätze entstehen. Vergleichen Sie Ihre Sätze mit dem Text.**

3 **Arbeiten Sie in Gruppen und finden Sie Beispiele für a–d. Sprechen Sie gemeinsam im Kurs darüber.**

a die prägende Funktion von Religionen auf die Kulturen
b heilige Orte und Handlungen
c Nutzen von Religion für die Menschen
d Verbrechen im Namen von Religionen

Religionsfreiheit

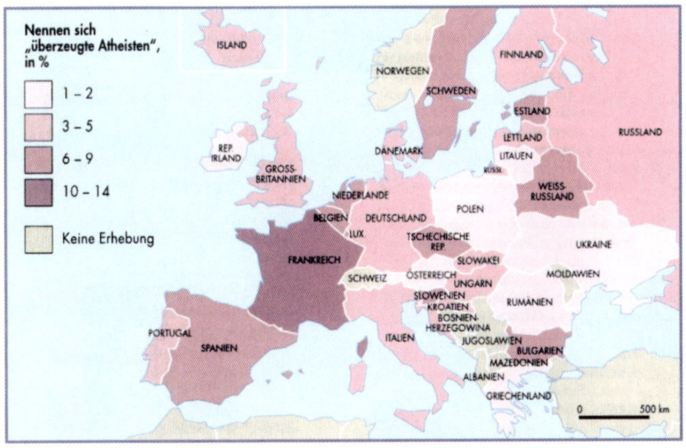

Text A

In Deutschland wird die Religionsfreiheit durch Artikel 4 des Grundgesetzes und Artikel 18 der Allgemeinen Erklärung der Menschenrechte der Vereinten Nationen geschützt. Hier heißt es: „Jeder Mensch hat Anspruch auf Gedanken-, Gewissens- und Religionsfreiheit; dieses Recht umfasst die Freiheit, seine Religion oder seine Überzeugung zu wechseln, sowie die Freiheit, seine Religion oder seine Überzeugung ... durch Lehre, Ausübung, Gottesdienst und Vollziehung von Riten zu bekunden."

Text B

Religionsfreiheit ist auch die Freiheit, keine Religion zu haben

In Deutschland hat etwa jeder dritte Bundesbürger mit Gott, Kirche oder Religion nichts zu tun. Das zeigen zahlreiche Umfragen. Viele von ihnen sind einfach nicht an diesen Fragen interessiert. Es gibt aber auch Menschen, die glauben, dass es keine Götter gibt und auch nicht geben kann. Diese Menschen nennt man „Atheisten".

„Wer keine Furcht vor dem Teufel hat, der braucht keinen Gott mehr".
Der Bibliothekar Jorge de Burgos in Umberto Ecos „Der Name der Rose"

1 Wie steht es in den Texten A und B? Ordnen Sie den Sätzen 1–5 die Schlüsselwörter aus den Texten A und B zu.

1. Jeder Mensch darf denken, was er will: die ______________________freiheit
2. Jeder Mensch hat das Recht, nach seinem Gewissen zu handeln: die G______________________
3. Jeder Mensch kann seine Religion frei wählen: die R______________________
4. Jeder Mensch darf eine andere Religion annehmen: die Freiheit, ______________ zu ______________
5. ______________________ sind Menschen, die glauben, dass es keine ______________________ gibt.

2 Was meinen Sie: Ist es leicht oder schwer, seinen Glauben oder seine Überzeugungen zu ändern? Diskutieren Sie im Kurs.

In manchen Punkten denke ich heute ganz anders als früher.

Das Christentum

die Gemeinde
die Konfirmation
Ostern
das Kreuz
die zehn Gebote
die Pfarrerin
der Engel
die Taufe
die Bibel
Weihnachten
die Kirche
die Kommunion
die Kirchenglocke
die Orgel
die Predigt

1 **Die Wörter oben sind wichtige Begriffe im christlichen Glauben. Zu welchen Begriffen finden Sie eine Briefmarke?**

2 **Bilden Sie Kleingruppen. Wählen Sie jeweils drei Begriffe und sprechen Sie darüber, was sie bedeuten.**
Schauen Sie auch im Lexikon nach.

3 **Gibt es in Ihrer Religion (in einer anderen Religion) ähnliche, wichtige Symbole und Begriffe? Was ist ähnlich? Was ist anders?**

Toleranz

Glaubensfreiheit bedeutet auch, dass man Menschen mit einem anderen Glauben tolerieren muss. Wer würde dem nicht zustimmen? Aber es gibt bei jedem Einzelnen auch Grenzen der Toleranz.
Sind Sie immer noch tolerant, wenn Ihre Tochter einen Mann aus einem anderen Land heiraten und seine Religion annehmen will? Oder wenn neben Ihrem Haus ein Gebetshaus ist und abends viele fremde Menschen ein und aus gehen?

4 **Toleranz – Intoleranz im Alltag: Sammeln Sie Beispiele und sprechen Sie darüber im Kurs.**

Ich glaube, ich bin tolerant in der Familie. Mir macht es nichts aus, wenn die Kinder laut sind.

Mein Nachbar ist nicht sehr tolerant. Er ruft gleich die Polizei, wenn ein Auto vor seiner Einfahrt parkt.

Meine Toleranz hört auf, wenn …

Religion – Migration – Integration

A Ich begann zu beten, um Schutz vor der Angst und der Einsamkeit in der Fremde zu suchen. Die Religion wurde eine schwimmende Insel im Meer der Fremdheit…
Mounira Daoud-Harms

B Europa ist, was Religion angeht, seit der Antike ein Einwanderungsland. Alle drei europäischen Religionen: Judentum, Christentum, Islam sind zugewandert.
Hans G. Kippenberg

C In den ersten Jahren meines Aufenthalts fand ich es traurig, dass um mich herum keine Feiertagsstimmung war. Auf den Straßen war Alltag, obwohl wir Juden einen Feiertag hatten.
Rina Otterbach

D Wenn man in der Fremde zu lieben beginnt, wird die Fremde zur Heimat.
Koreanisches Sprichwort

E Jeder einzelne Zuwanderer bringt in seinem Gepäck auch seine Glaubensüberzeugungen mit.
Stefan Rech

F Gerade in Frankfurt ist es nicht einfach, in der Schule oder öffentlich zu sagen: „Ich bin Katholik. Ich gehe sonntags in die Kirche."
Franjo Akmazda

G Die Geschichte ist voller guter Beispiele, wie ein Miteinander der verschiedenen Religionsgemeinschaften zum Aufblühen der Gesellschaft führt.
Jean Claude Diallo

1 Zu welcher der Aussagen A–G passt das?

_____ sagt, dass es in Frankfurt nicht einfach ist, Katholik zu sein.

_____ war in den ersten Jahren an den jüdischen Feiertagen traurig.

_____ meint, dass die Religionen gut miteinander leben können.

_____ sagt, dass die Zuwanderer auch ihre Religionen nach Deutschland mitbringen.

_____ meint, dass alle europäischen Religionen zugewandert sind.

_____ hat angefangen zu beten, weil sie sich fremd in Deutschland fühlte.

_____ drückt aus, dass man überall zu Hause sein kann.

2 In den Texten A-G stehen verschiedene Meinungen zum Thema „Religion – Migration – Integration". Wählen Sie den Text, der Sie am meisten interessiert. Bilden Sie in Ihrem Kurs kleine Gruppen und stellen Sie „Ihren" Text vor. Warum interessiert er sie? Was möchten Sie dazu sagen?

Der Staat „Bundesrepublik Deutschland"

Der Staat – Wer oder was ist das?

1 Sehen Sie sich die Fotos an. Wählen Sie drei aus, die Ihrer Meinung nach zum Thema „Staat" gehören. Begründen Sie Ihre Wahl.

2 Sammeln Sie in Gruppen Wörter und Bilder zum Thema „Staat". Machen Sie Plakate.

das Parlament (Reichstag/Berlin)
das Gericht
die Wahl / wählen
DER STAAT
die Polizei
die Stadtverwaltung
der G...
Steuern und Abgaben

Der Bund

Schloss Bellevue – Sitz des Bundespräsidenten

Der *Bundespräsident* ist der höchste Repräsentant des Staates. Er hat zwar wenig politische Macht, aber Einfluss auf die politische Diskussion. Er wird alle 5 Jahre von der Bundesversammlung gewählt. Diese besteht aus den Mitgliedern des Bundestages und einer gleichen Anzahl von Vertretern aus den Bundesländern.

Die *Bundesregierung* ist für die Umsetzung der Beschlüsse des Bundestages verantwortlich. Sie führt die täglichen Regierungsgeschäfte. Die Bundesregierung wird von Mitgliedern der Parteien gebildet, die eine Mehrheit der Stimmen im Bundestag haben.

Kanzleramt

Der/die *Bundeskanzler/in* führt die Regierung. Er/Sie wählt die Minister/innen aus. Es gibt Ministerien für alle wichtigen Aufgaben der Regierung, z.B.: Innenministerium (Polizei, Justiz ...), Außenministerium (Beziehungen zu anderen Ländern), Finanzministerium (Haushalt: Ausgaben und Einnahmen des Staates), Wirtschafts- und Sozialministerium (Entwicklung der Wirtschaft, Absicherung bei Arbeitslosigkeit ...), Umweltministerium (Schutz der Umwelt) ...
Einige berühmte Bundeskanzler: Konrad Adenauer (1949–1963), Willy Brandt (1969–1972) und Helmut Kohl (1981–1998).

Reichstagsgebäude – Sitz des Bundestags

Das deutsche Parlament heißt *Bundestag*. Er besteht aus über 600 Abgeordneten. Sie werden vom Volk gewählt. Das Wahlrecht haben deutsche Staatsbürger/innen über 18 Jahre. Der Bundestag verabschiedet Gesetze, kontrolliert die Regierung und wählt den Bundeskanzler. Die Parteien, die zusammen eine Mehrheit im Bundestag erreichen, bilden meist eine Koalition. Sie bilden dann die Regierung. Die anderen sind die Opposition. Die Opposition soll die Regierung kontrollieren.

Bundesrat

Der *Bundesrat* hat 69 Mitglieder. Sie vertreten die 16 Bundesländer. Der Bundesrat vertritt die Interessen der Länder im Bund und gegenüber der Europäischen Union. Er beschließt über viele Gesetze des Bundestages mit.

Der Bund hat viele Verwaltungsorgane und Institutionen. Wichtige sind z.B.: die Bundesagentur für Arbeit (Arbeitsagentur/Arbeitsamt), das Umweltbundesamt, das Bundesamt für Migration und Flüchtlinge, das Statistische Bundesamt, das Bundeskriminalamt, die Bundespolizei.

1 Lesen Sie die Texte. Welche Informationen finden Sie zu diesen Zahlen und Stichworten:

600 – 69 – vom Volk gewählt – 16 – Aufgabenfeld des Bundestages – Interessen – Opposition – Regierung – Koalition – Wahlrecht

2 Nennen Sie drei Unterschiede zu Ihrem Land. Sprechen Sie im Kurs darüber.

Politik im Internet:

www.politik.de
www.bundestag.de
www.bundesrat.de
www.parteien-online.de

Die Bundesländer

Die Bundesrepublik ist ein föderaler Staat. Das heißt, die Bundesländer (Bayern, Hessen, Sachsen ...) sind in vielen Politikbereichen selbstständig. Die politische Macht und die Aufgaben des Staates sind zwischen dem Bund und den Bundesländern geteilt.

Die wichtigsten Aufgaben der Landesregierungen sind:
- die Bildungspolitik (Schulen, Universitäten, Erwachsenenbildung)
- die Kulturpolitik
- die Verkehrspolitik (Landstraßen, öffentlicher Nahverkehr ...)
- die Regionalentwicklung (Wirtschaftsförderung, Entwicklung der Infrastruktur)
- die Umweltpolitik
- Sicherheit (Polizei, Gerichte ...)

Die Aufgaben von Bund und Ländern überschneiden sich in vielen Bereichen. Deshalb gibt es oft Streit über die Machtverteilung zwischen dem Bund und den Bundesländern.

Eine Besonderheit sind die Stadtstaaten Hamburg, Bremen und Berlin. Sie sind sowohl Großstädte als auch kleine Bundesländer.
Die Aufgaben der Gemeinde und des Bundeslandes werden hier von einem Gremium wahrgenommen: dem Senat.

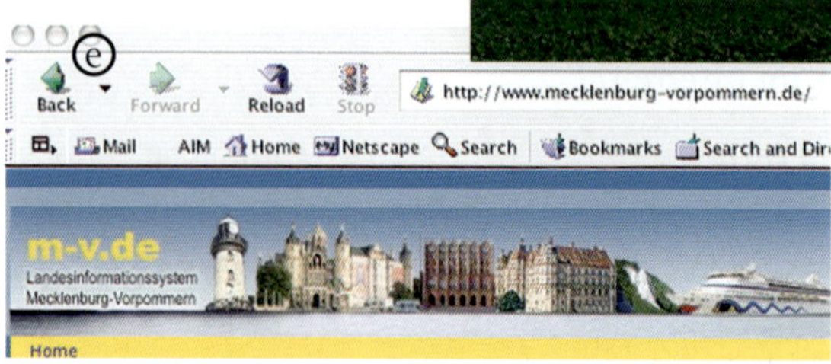

Das Bundesländerquiz

1. Die größte Stadt dieses Landes ist ein Verkehrsknotenpunkt, eine Bankenmetropole und berühmt für Apfelwein und Würstchen.
2. Weltbekannt sind der Hafen und das Brötchen mit der Frikadelle, das nicht von hier kommt.
3. In diesem Bundesland leben die Schwaben und die Badener friedlich zusammen und bauen Autos und andere Maschinen.
4. Das Märchen von den Stadtmusikanten hat dieses Bundesland weltberühmt gemacht.
5. In der Hauptstadt dieses Bundeslandes findet das größte Fest der Welt statt.
6. Das alte Industriezentrum Deutschlands. Kohle und Stahl haben das Land früher reich gemacht.
7. Dieses Land am Rhein ist einer der größten Weißweinproduzenten der Welt.

8. Früher hat man hier auch mit Kohle viel „Kohle“ (Geld) gemacht. Die Grenze zu Frankreich ist nah.
9. Die Bratwürste von hier sind weltbekannt. Martin Luther hat hier auf der Wartburg die Bibel übersetzt.
10. Das ist das östlichste Bundesland. Die „Frauenkirche“ in seiner Hauptstadt ist ein Symbol gegen den Krieg.
11. Das Ostseeland lebt vom Tourismus. Die größte deutsche Insel, Rügen, liegt hier.
12. In Wittenberg begann 1517 die Reformation. Quedlinburg ist Weltkulturerbe der UNESCO und eine der schönsten Städte Deutschlands.
13. Hier hat man einen weiten Blick über das Land. Mittendrin liegen Hamburg und Bremen.
14. Zwischen Nordsee und Ostsee kann man sich hier an frischer Luft erholen. Windmühlen produzieren Strom.
15. Hier gibt es viele Seen, viel Sand und mittendrin die deutsche Hauptstadt.
16. Die größte Stadt Deutschlands ist auch ein Bundesland.

1 Das Bundesländerquiz – Welche Aussage 1–16 passt zu welchem Bundesland?

Projekt: Unser Bundesland – Machen Sie ein Porträt des Bundeslandes, in dem Sie leben: Einwohnerzahl, Hauptstadt, große Städte, Landtag, Landtagsabgeordnete aus der Region, Stärken und Probleme des Landes, Sehenswürdigkeiten …
Alternative: Wählen Sie ein Bundesland aus und berichten Sie darüber.

Die Städte und Gemeinden

der Stadtrat/Gemeinderat
die Ausschüsse: Bauausschuss, Schulausschuss, Finanzausschuss, Kulturausschuss …

(Ober-)Bürgermeister/in

die Stadt-/Gemeindeverwaltung
Einwohnermeldeamt · Sozialamt · Bauamt · Schulamt · Ausländerbehörde · …

städtische Betriebe
öffentlicher Nahverkehr · Müllabfuhr · Wasserwerk · Stadtgärtnerei · …

2 Unsere Stadt: Wo ist sie schön? Wo ist sie hässlich? Welche Angebote hat sie? Was fehlt? Wie sind die Menschen? Sammeln Sie in Gruppen und diskutieren Sie im Kurs.

Projekt: Wer, Wie, Wo, Was in unserer Stadt/Gemeinde? – Machen Sie ein Informationsblatt zu Ihrer Stadt/Gemeinde.

Die drei Gewalten – oder sind es vier?

A Die Legislative – Die gesetzgebende Gewalt

B Die Judikative – Die rechtsprechende Gewalt

C Die Exekutive – Die ausführende Gewalt

D Die „Vierte Gewalt" – Die Öffentlichkeit und die Medien

1 Der Bundestag und die Landtage/Bürgerschaften (in Hamburg und Bremen) können Gesetze beschließen (z.B. das Zuwanderungsgesetz). Die Regierung oder die Abgeordneten schlagen Gesetze oder Änderungen von Gesetzen vor. Danach werden diese Vorschläge im Parlament und in Arbeitsgruppen des Parlaments (Ausschüssen) diskutiert und verabschiedet. Beim Zuwanderungsgesetz hat diese Diskussion mehrere Jahre gedauert.

2 Die Bundesregierung, die Landesregierungen und die Verwaltungen müssen die Beschlüsse der Parlamente ausführen und dafür sorgen, dass der Staat „funktioniert": z.B. Deutschland in der Welt vertreten, Schulen bauen, die Integration von Zuwanderern regeln, die Müllabfuhr organisieren …

3 Die Gerichte sind von der Regierung unabhängig. Sie kontrollieren, dass nicht nur die Bürgerinnen und Bürger, sondern auch die Institutionen des Staates die Gesetze einhalten. Das höchste Gericht ist das Bundesverfassungsgericht. Es prüft, ob Gesetze, Regelungen, aber auch Verhaltensweisen von Bürgern oder auch Institutionen mit dem Grundgesetz in Einklang stehen. Wenn das Verfassungsgericht z.B. sagt, dass ein Steuergesetz die Familien benachteiligt, dann muss der Bundestag dieses Gesetz ändern.

4 Neben den drei Gewalten in der Verfassung sehen viele heute eine vierte: Fernsehen, Radio und Zeitungen. Die Medien sorgen dafür, dass Probleme in der Politik und in der Gesellschaft (z.B. Korruption, Geldverschwendung, Schlamperei …) bekannt werden und öffentlich diskutiert werden können. Die freie Presse deckt viele Skandale und Verbrechen auf. Aber viele Leute sehen die „vierte Gewalt" auch kritisch, weil sie großen Einfluss auf die Menschen hat und nicht demokratisch kontrolliert wird.

Die Aufteilung der staatlichen Macht in die drei Gewalten soll die Bürger und Bürgerinnen vor der Willkür des Staates schützen. Sie ist ein Kennzeichen aller demokratischen Staaten. In Diktaturen gibt es diese Dreiteilung und die Freiheit der Medien oft nicht.

1 **Lesen Sie die Texte: Welche Überschrift (A–D) passt zu welchem Text (1–4)?**

2 **Die drei Gewalten der Verfassung: Wer macht die Gesetze? Wer führt sie aus? Wer kontrolliert?**

3 **Welche „Gewalten" kennen Sie aus Ihrem Land? Was ist anders bzw. ähnlich?**

Parteien, Verbände und Initiativen

Auf der Internetseite *www.parteien-online.de* findet man Informationen zu mehr als 50 Parteien. Nur wenige davon kandidieren bei Bundestagswahlen. Bei Landtagswahlen treten viele nur in einigen Regionen auf. Im Bundestag sind im Moment diese Parteien vertreten: Bündnis 90/Die Grünen, CDU, CSU, FDP, SPD und Die Linke.PDS.

Neben den Parteien gibt es viele Verbände. Sie vertreten die Interessen einzelner Gruppen. Der *Deutsche Gewerkschaftsbund* (DGB) vertritt z.B. die Interessen der Arbeitnehmer/innen und der Bund der *Industriellen* (BDI) die der Industrie. Der *BUND* setzt sich für den Umweltschutz ein und *Pro Aysl* für die Rechte von politischen Flüchtlingen. An vielen Orten gibt es darüber hinaus Bürgerinitiativen, die sich für oder gegen bestimmte Projekte einsetzen, z.B. neue Straßen, Spielplätze, Grünanlagen …

Projekt: Wählen Sie zu zweit je eine Partei, einen Verband oder eine Initiative aus. Sammeln Sie Informationen dazu und berichten Sie im Kurs: Welche Ziele? Wie groß? Geschichte, Personen …

So steht es im Grundgesetz:

Artikel 21 (1): Die Parteien wirken bei der politischen Willensbildung des Volkes mit. Ihre Gründung ist frei. Ihre innere Ordnung muss demokratischen Grundsätzen entsprechen. […]

Wahlen und Ausländerbeiräte

Die Parlamente von Bund, Ländern und Gemeinden werden alle vier bzw. fünf Jahre neu gewählt. Wahlberechtigt sind alle Bürgerinnen und Bürger mit deutscher Staatsangehörigkeit, die über 18 Jahre alt sind.

Bürgerinnen und Bürger der Europäischen Union können an kommunalen Wahlen teilnehmen, aber nicht an Landtags- oder Bundestagswahlen. Bürger und Bürgerinnen aus anderen Ländern haben kein Wahlrecht.

Für Nicht-EU-Bürger und -Bürgerinnen sind die Ausländerbeiräte eine Möglichkeit, sich an der Kommunalpolitik zu beteiligen. Es gibt sie in vielen größeren Städten und Gemeinden. Sie werden von der ausländischen Bevölkerung meistens direkt gewählt.

Projekt: Ausländerbeiräte in Ihrer Region. Was machen sie? Wer macht mit? Wann wird gewählt? …

Lebensvielfalt – Meinungsvielfalt

Sichtweisen

Things do not change; we change.

Nicht die Dinge verändern sich;
wir verändern uns.
Henry David Thoreau

On ne voit bien qu'avec le cœur,
l'essentiel est invisible pour les yeux.

Man sieht nur mit dem Herzen gut.
Das Wesentliche ist für die Augen unsichtbar.
Antoine des Saint Exupery

Seht ihr den Mond dort stehen?
Er ist nur halb zu sehen,
  Und ist doch rund und schön!
So sind wohl manche Sachen,
Die wir getrost belachen,
  Weil unsre Augen sie nicht sehn.
Mathias Claudius

Nem tudo que brilha é ouro.

Es ist nicht alles Gold, was glänzt.
Portugiesisches Sprichwort

1 **Ändern Sie Ihre Sichtweise. Drehen Sie Ihr Buch auf den Kopf und schauen Sie sich das Bild noch einmal an. Was sehen Sie jetzt?**

2 **Suchen Sie sich ein Zitat aus und sprechen Sie zu zweit darüber.**

3 **Kennen Sie so einen Spruch oder eine Redewendung in Ihrer Muttersprache?**

4 **Menschen sehen die Dinge unterschiedlich. Überlegen Sie sich zusammen mit einem Partner / einer Partnerin Beispiele.**

Vorurteile

Wenn wir einer Person begegnen – oder auch nur ein Bild von ihr sehen – denken wir automatisch etwas über sie. Wir speichern innerhalb von maximal sechs Sekunden Informationen im Gedächtnis: Die Person ist jung oder alt, weiblich oder männlich, sympathisch oder unsympathisch, arrogant oder bescheiden, mutig oder ängstlich usw. Viele Informationen haben wir nicht wirklich geprüft. Es sind Vorurteile.

Jeder Mensch hat Vorurteile. Vorurteile sind notwendig und können sehr hilfreich sein zur ersten Orientierung. Sie können aber auch Gefahren mit sich bringen:

- Vorurteile können falsch sein (z.B. „Frauen sind schlechtere Autofahrer als Männer").
- Vorurteile können blind machen für neue oder andere Informationen und Erfahrungen.
- Vorurteile können zu Feindbildern werden. Feindbilder verhindern, dass wir offen und neugierig sind.

1 **Wählen Sie ein Foto aus und schreiben Sie auf, was Ihnen zu dieser Person einfällt: Nationalität, wie lange in Deutschland, Beruf, Hobbys, Freizeit …**
Lassen Sie dann die anderen raten, welche Person Sie meinen.

2 **Warum sind Vorurteile positiv? Warum sind Vorurteile negativ? Was steht dazu im Text? Und was ist Ihre Meinung?**

3 **Schreiben Sie ca. 10 Urteile über Menschen auf. Machen Sie diese Übung alleine. Überlegen Sie dann in kleinen Gruppen: Was könnte Ihr Urteil verändern?**

Kinder sind/haben/wollen ...
Alte Menschen ...
Menschen aus dem Süden ...
Behinderte Menschen ...
Männer ...
Lehrer und Lehrerinnen ...
Die Vietnamesen (Marokkaner, Deutschen usw.) …
Reiche Leute ...
Leute, die ...

Menschen aus dem Süden haben mehr Temperament.

Ich denke vielleicht anders, wenn ich eine ganz ruhige Italienerin kennen lerne.

Lebensformen

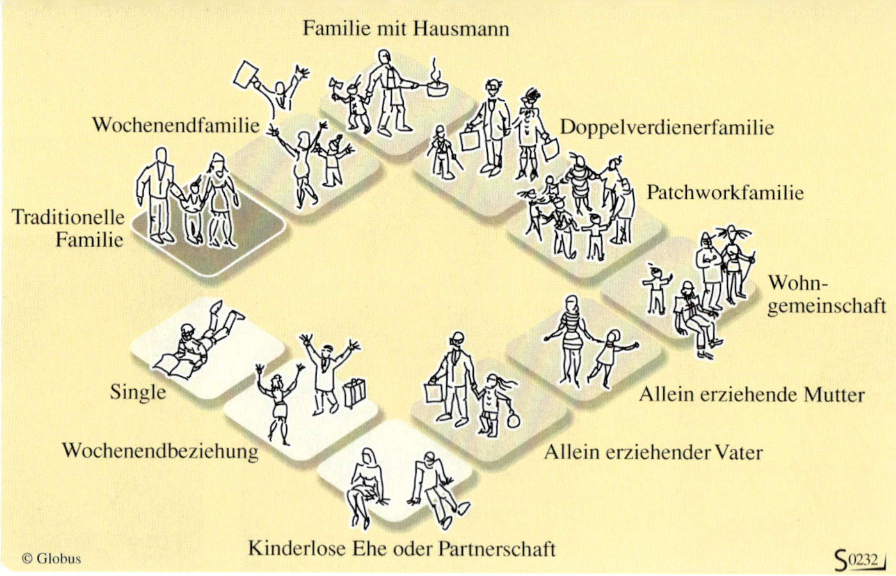

A Die traditionelle Familie: Vater und Mutter (verheiratet) mit ein bis zwei Kindern: Das ist die traditionelle deutsche Familie. So leben 35 Millionen Menschen in Deutschland. Das sind 44 Prozent der Gesamtbevölkerung. Aber: Die Scheidungsraten sind hoch und es gibt viele andere Lebensformen.

C Gleichgeschlechtliche Lebensgemeinschaften: Etwa 700.000 Kinder leben – so schätzt man – in Familien mit homosexuellen Eltern. Meistens waren ihre Väter oder Mütter früher einmal verheiratet und sind später eine homosexuelle Beziehung eingegangen.

B Die Patchwork-Familie: Wenn nach einer Scheidung ein Elternteil einen neuen Partner hat, entsteht vielleicht eine Patchwork-Familie. Jede Patchwork-Familie ist anders. Entweder bringt die Mutter ihre Kinder mit in die neue Beziehung oder der Vater. Oder die Kinder von beiden Elternteilen leben in der Familie. Oft kommen auch noch gemeinsame Kinder aus der neuen Beziehung dazu. Eine Patchworkfamilie kann auch aus einer Wohngemeinschaft entstehen, in der z.B. zwei geschiedene Frauen mit ihren Kindern gemeinsam leben.

1 Sehen Sie sich die Grafik an. Sprechen Sie über die verschiedenen Lebensformen. Was ist das Besondere an den verschiedenen Lebensformen? Warum leben die Leute so?

2 Welche der Lebensformen A–G passt zu folgenden Beispielen? Es gibt manchmal mehrere Möglichkeiten.

	A	B	C	D	E	F	G
1. Tim und Silke leben mit ihren Eltern zusammen.	☐	☐	☐	☐	☐	☐	☐
2. Guido und seine Mutter leben in einer 2-Personen-Familie.	☐	☐	☐	☐	☐	☐	☐
3. Ayhan lebt allein in einer kleinen Wohnung.	☐	☐	☐	☐	☐	☐	☐
4. Katja wohnt mit ihrer Mutter und deren Freundin zusammen.	☐	☐	☐	☐	☐	☐	☐
5. Mathias kocht das Mittagessen und macht Hausaufgaben mit den Kindern.	☐	☐	☐	☐	☐	☐	☐
6. Hilde arbeitet nicht mehr.	☐	☐	☐	☐	☐	☐	☐
7. Marija hat vier Kinder: ein eigenes und drei von ihrem Freund.	☐	☐	☐	☐	☐	☐	☐
8. Rosi, Lilly und Samira wohnen in einer großen Wohnung zusammen.	☐	☐	☐	☐	☐	☐	☐

D **Allein erziehend:** 7 Prozent aller Deutschen leben in einer „Zwei-Personen-Familie". Meistens sind es Mutter und Kind, seltener Vater und Kind. Warum erziehen diese Mütter und Väter ihre Kinder allein? Das hat unterschiedliche Gründe. Die Eltern haben sich getrennt oder sie haben noch nie zusammengelebt. Vielleicht ist aber auch ein Elternteil gestorben.

F **Singles:** 20 Prozent aller Deutschen haben keinen Partner. Mehr als die Hälfte ist laut Umfrage unfreiwillig allein. Nur 14,3 Prozent bezeichnen sich als rundum zufrieden und ein gutes Drittel der Befragten fühlt sich einsam. 35 Prozent wünschen sich eine langfristige Partnerschaft. 32 Prozent der Singles haben Kinder.

E **Familie mit Hausmann:** 30 Jahre nach den ersten Schritten der Frauenbewegung haben sich in Deutschland die Rollen in den Familien geändert. Frauen sind oft berufstätig und ernähren ihre Familien. In manchen Fällen kümmern sich dann die Männer um Haushalt und Kinder.

G **Lebensformen im Alter:** Im Jahr 2025 werden in Deutschland 28 Millionen Menschen älter als 60 Jahre sein. 1997 waren es nur 18 Millionen. Viele ältere Menschen leben mit ihrem Partner oder ihrer Partnerin zusammen. Viele wohnen aber auch allein, in Wohnanlagen mit betreutem Wohnen oder in Altersheimen. Es gibt immer mehr Wohngemeinschaften von alten Menschen, die dadurch Kontakt zu anderen Menschen behalten und auch Geld sparen.

3 **Biografiebaukasten: Erfinden Sie eine Person. Nehmen Sie dazu aus jedem Kästchen A bis G je eine Angabe und setzen Sie alle Angaben zusammen.**

Beispiel: Mann / 34 Jahre alt / geschieden / ein eigenes Kind / Kind lebt bei der Mutter / berufstätig.
Stellen Sie dann Ihre Person im Kurs vor. Wie sieht ihr Alltag aus? Was sind ihre Probleme?

1. Geschlecht:	Frau – Mann
2. Alter:	18-25 – 26-35 – 35-45 – 46-55 – 56-65 – ...
3. Familienstand:	ledig/Single – verheiratet – geschieden – verwitwet
4. Kinderzahl:	1 – 2 – 3 – 4 – 5 – ...
5. Kinder:	eigenes Kind – adoptiertes Kind – Kind des Partners
6. Kindererziehung:	mit Partner/in – allein erziehend – Kind lebt bei anderer Person (Ex-Partner/in, Oma ...)
7. Tätigkeit:	berufstätig – Hausfrau/Hausmann – Rentnerin/Rentner

Lebensvielfalt – Medienvielfalt

Tageszeitungen
Comics
Fernsehzeitschriften
Frauenzeitschriften
Wirtschaftszeitschriften
Internationale Presse
Politische Zeitschriften
...
Sportzeitschriften
Computerzeitschriften
Musikzeitschriften

Das sagt das Grundgesetz zur Meinungs- und Pressefreiheit:
Artikel 5: Jeder hat das Recht, seine Meinung in Wort, Schrift und Bild frei zu äußern und zu verbreiten.
Die Pressefreiheit und die Freiheit der Berichterstattung durch Rundfunk und Film werden gewährleistet.
Eine Zensur findet nicht statt.

Das Recht ist bei persönlichen Beleidigungen, bei Volksverhetzung, bei Religionsbeleidigungen usw. eingeschränkt.

1 **In Deutschland ist der Schutz der Meinungsfreiheit ein hohes Gut. Es gibt so viele unterschiedliche Zeitschriften, wie es Interessen und Lebensstile gibt. Was gefällt Ihnen daran? Was stört Sie?**

Projekt: Gehen Sie in einen Zeitungskiosk, in Ihre Bahnhofsbuchhandlung oder in die Stadtbibliothek. Schauen Sie, welche deutschen Zeitschriften es dort gibt, und schreiben Sie jeweils 10 Titel auf. Welche Zeitschriften sind für wen? Was interessiert Sie persönlich? Besprechen Sie die Zeitschriften dann im Kurs.

In einem neuen Land

Das Kulturschock-Modell
Wenn man in einem fremden Land leben will oder muss, dann stellt man schnell fest, dass vieles anders und neu ist: das Klima, das Essen, die Leute. Man muss alle Energie, die man hat, aufbringen und einsetzen. Wissenschaftler haben herausgefunden, dass es in diesem Prozess verschiedene Phasen gibt: Begeisterung, Gefühle von Fremdheit, Krise, Missverständnisse, Verständigung.

Ein Kulturschock muss aber nicht immer alle fünf Phasen durchlaufen. Die individuellen Erfahrungen können sehr verschieden sein.

Leben im Ausland

5. Verständigung
Die Missverständnisse werden weniger. Man versteht, akzeptiert, lernt und schätzt die kulturellen Spielregeln.

4. Missverständnisse
Man sieht, dass viele Schwierigkeiten aus dem kulturellen Unterschied entstehen und Missverständnisse sind.

3. Krise
Man fühlt sich sehr fremd im neuen Land. Man gibt der fremden Kultur die Schuld und verherrlicht die eigene Kultur. Man möchte am liebsten wieder nach Hause.

2. Gefühle von Fremdheit
Man beginnt zu merken, wie fremd die neue Kultur ist. Vielleicht hat man erste Kontaktschwierigkeiten. Meist gibt man sich selbst die Schuld.

1. Begeisterung
Am Anfang ist alles neu und aufregend. Man sieht alles mit den Augen eines Touristen. Man ist noch in der eigenen Kultur verwurzelt.

1 Sehen Sie sich die Phasen 1–5 an. Überlegen Sie: Wie war oder ist das bei Ihnen? Welche Phasen haben Sie durchlaufen? War es vielleicht ganz anders? Wo stehen Sie jetzt?

2 Sprechen Sie über das Kulturschock-Modell. Wie ist das bei Ihnen? Hat sich Ihre Bewertung, Ihre Sicht im Laufe der Zeit geändert?

Bei mir war das aber ganz anders. Ich war am Anfang ganz unglücklich hier.

Arbeit und soziale Sicherung

Arbeitnehmer und Arbeitgeber

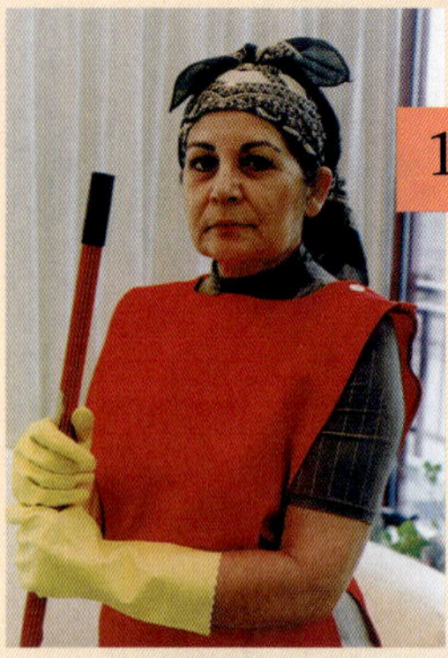

1. Abhängig Beschäftigte

2. Angestellte

3. Arbeiterinnen/Arbeiter

4. Arbeitgeber

5. Arbeitnehmer

6. Arbeitslose

7. Beamtinnen/Beamte

8. Erwerbslose

9. Erwerbstätige

10. Selbstständige

Zu Hause war ich selbstständig. Ich habe als Friseurin gearbeitet.

**1 Welche der Begriffe 1–10 haben Sie schon einmal gehört?
Ordnen Sie zu: Welche Definition a–j passt zu welchem Begriff?**

a ☐ Sammelbegriff für alle Arbeitnehmer: Beamte, Angestellte, Arbeiter und Auszubildende

b ☐ Das sind Beschäftigte des Staates, die im Allgemeinen nicht gekündigt werden dürfen, z.B. Polizisten, Richter usw.

c ☐ Beschäftigte in Betrieben und in Behörden, die keine Beamten sind und eher im Büro arbeiten

d ☐ Alle Menschen, die in Deutschland arbeiten, um Geld zu verdienen

e ☐ Menschen ohne Arbeit, die eine Arbeitsstelle suchen

f ☐ Menschen, die für sich selbst arbeiten, z.B. Ärzte, Rechtsanwälte, Handwerker usw.

g ☐ Menschen, die keine Arbeit haben. Sie sind meist bei der Bundesagentur für Arbeit gemeldet und bekommen Arbeitslosengeld I oder II.

h ☐ Menschen, die andere Menschen für ihre Arbeit bezahlen, z.B. die Besitzer von Industrie-- oder Handwerksbetrieben

i ☐ Lohnempfänger, die meistens in der Produktion arbeiten oder z.B. auf dem Bau

j ☐ So nennt man alle, die einen Arbeitsvertrag haben.

2 Arbeiten Sie zurzeit? Haben Sie früher gearbeitet? Was wollen Sie in Zukunft arbeiten? Erzählen Sie von Ihren Erfahrungen und von Ihren Zielen.

Warum arbeiten?

Bevölkerung nach Quellen des überwiegenden Lebensunterhalts in %, 2003.

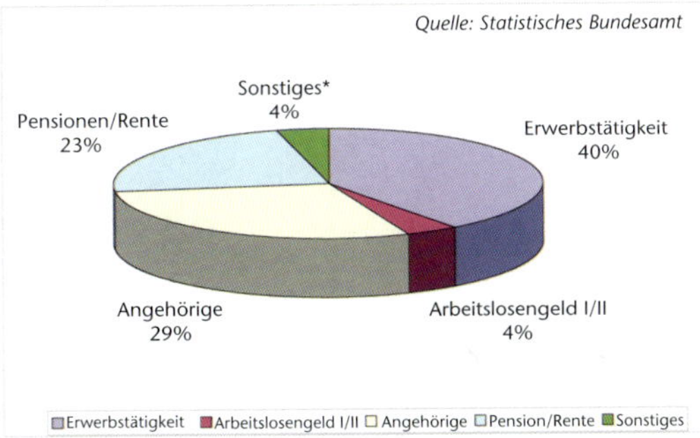

* Eigenes Vermögen, Vermietung, Zinsen, Leistungen aus der Pflegeversicherung, Sonstige Unterstüzungen (z.B. BAföG, Vorruhestandsgeld, Stipendium)

Na klar, um Geld zu verdienen, warum sonst?

20 Stunden Arbeit in der Woche sind genug für mich. Aber das Geld …

Ohne Arbeit bekomme ich später keine Rente.

Ich muss immer etwas tun. Sonst fühle ich mich nicht gut.

Nur wenn ich arbeite, fühle ich mich richtig wohl.

Ich helfe gerne anderen Menschen.

Wer nicht arbeitet, kann auch nicht essen.

Ich freue mich, wenn ich etwas geschaffen habe.

Man arbeitet, um zu leben.

Man lebt, um zu arbeiten.

1 **Welche Aussagen in den Sprechblasen passen zu Ihnen? Begründen Sie. Haben Sie noch andere Ideen? Dann schreiben Sie weitere Sprechblasen.**

2 **Warum arbeiten Menschen? Was ist der Unterschied zwischen „Arbeitszeit" und „Freizeit"? Sprechen Sie über die Karikaturen.**

3 **Sehen Sie das Schaubild an: Wovon leben die meisten Deutschen? Wie ist das in Ihrem Herkunftsland?**

Arbeitgeberinteressen und Arbeitnehmerinteressen

1. __ möchte die Leistungsfähigkeit der Firma sichern und steigern.
2. __ möchte Konflikte vermeiden, weil das der Produktion schadet.
3. __ akzeptiert Kompromisse, weil Arbeitskämpfe auch Arbeitsplätze gefährden können.
4. __ will den Umsatz steigern, die Kosten senken und so möglichst viel Gewinn machen.
5. __ braucht einen sicheren Arbeitsplatz.
6. __ will eine gute Arbeitsatmosphäre, weil man dann leichter und besser arbeitet.
7. __ will möglichst gut verdienen.
8. __ will eine zufrieden stellende und interessante Tätigkeit.
9. __ will seine Produkte möglichst viel verkaufen.
10. __ braucht qualifizierte Mitarbeiter, um Produkte mit hoher Qualität zu produzieren.
11. __ möchte nicht zu viel arbeiten, um auch Zeit für sich und die Familie zu haben.
12. __ möchte, dass die Kosten für die Arbeit so niedrig wie möglich sind.

1 **Lesen Sie 1–12 und ordnen Sie zu. Was ist eher Interesse des Arbeitgebers (Ag), was Interesse des Arbeitnehmers (An), was Interesse von beiden? Begründen Sie.**

Arbeitgeber	Arbeitnehmer	Beide
______________	______________	______________

2 **Fallen Ihnen noch andere Interessen von Arbeitnehmern und Arbeitgebern ein?**

3 **Wo gibt es Gemeinsamkeiten und wo kann es Konflikte geben?**

Das Arbeitsrecht in Deutschland

ⓐ

ⓑ

ⓒ

ⓓ

Das Arbeitsrecht ist in Deutschland ein wichtiger Teil des Zivilrechts. Arbeitnehmer und Arbeitgeber können grundsätzlich den Arbeitsvertrag ohne Einfluss des Staates abschließen.
Da die Arbeitnehmer stark von den Arbeitgebern abhängig sind, gibt es gesetzliche Regeln zum Schutz der Arbeitnehmer. Diese Regeln bestimmen, was ein Arbeitgeber von einem Arbeitnehmer verlangen darf und was nicht.
Zur Regelung von Konflikten in der Arbeitswelt gibt es die Arbeitsgerichte.

Im Wesentlichen werden durch das Arbeitsrecht folgende Bereiche geregelt:

1. Der Arbeitsvertrag

Welche Rechte und Pflichten haben die Arbeitgeber und die Arbeitnehmer? Im Arbeitsvertrag steht z.B., dass die Arbeitgeber den vereinbarten Lohn für die geleistete Arbeit bezahlen müssen. Die Arbeitgeber dürfen auch die Arbeitsbedingungen nicht ohne Grund und ohne Absprache mit den Arbeitnehmern ändern.
Die Arbeitnehmer müssen z.B. regelmäßig und pünktlich zur Arbeit kommen. Sie dürfen ohne Erlaubnis des Arbeitgebers nicht gleichzeitig für andere Betriebe oder selbstständig arbeiten.

2. Das kollektive Arbeitsrecht

Hier ist z.B. geregelt, dass es Tarifverträge gibt, die zwischen den Tarifparteien (Arbeitgeber und Gewerkschaften) abgeschlossen werden. Die Tarifverträge regeln sowohl den Lohn als auch die Arbeitsbedingungen.
Betriebe, die nicht zu einem Arbeitgeberverband gehören, müssen sich jedoch nicht an die Tarifverträge halten. Aber sie müssen immer die Gesetze einhalten.
Im Arbeitsrecht ist auch geregelt, wer wann zu einem Arbeitskampf (Streik) aufrufen darf und wann die Arbeitgeber die Arbeitnehmer bei einem Streik „aussperren" dürfen.

3. Das Betriebsverfassungsrecht und das Mitbestimmungsrecht

Hier ist geregelt, wie die Arbeitnehmer im Betrieb mitbestimmen dürfen. Firmen müssen ab einer bestimmten Größe einen Betriebsrat akzeptieren, wenn die Arbeitnehmer das wünschen. Der Betriebsrat vertritt dann die Rechte der Arbeitnehmer am Arbeitsplatz. In großen Aktiengesellschaften können die Arbeitnehmer über Gewerkschaftsvertreter auch teilweise in der Betriebsführung mitbestimmen.

4. Das Arbeitsschutzrecht

In diesen Gesetzen geht es z.B. um die Arbeitszeit (Länge der Arbeitszeit, Überstunden, Pausen ...), aber auch um die Gesundheit am Arbeitsplatz (Schutz vor Unfällen ...), den Mutterschutz und den Schutz von Jugendlichen unter 18 Jahren.

Das Arbeitsrecht legt nur einen allgemeinen Rahmen fest. Die konkreten Arbeitsbedingungen vereinbaren Arbeitgeber und Arbeitnehmer in den Tarifverträgen und in Vereinbarungen im Betrieb.

1 **Zu welchen Abschnitten 1–4 passen die Bilder a–d?**

2 **Zu welchen Teilen des Arbeitsrechts möchten Sie gerne nähere Informationen?**

Projekt: Laden Sie jemanden von der Gewerkschaft und/oder der Industrie- und Handelskammer ein. Bereiten Sie Fragen vor.

Soziale Sicherung

Mein Freund war lange Zeit sehr krank …

①

②

Im Alter möchte ich gerne …

Mein Kollege hatte einen Unfall im Betrieb.

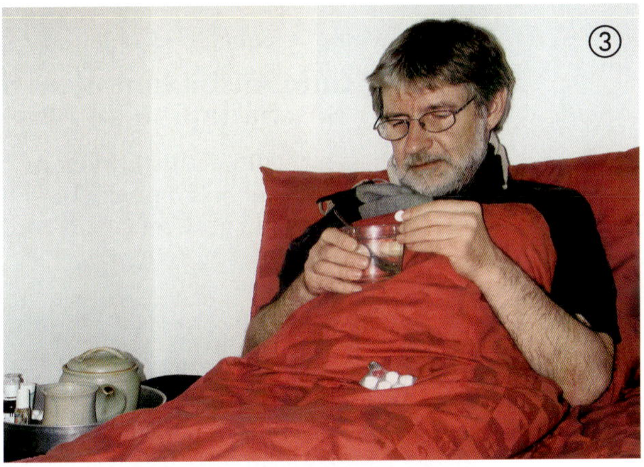

③

Ich möchte gerne eine Umschulung machen.

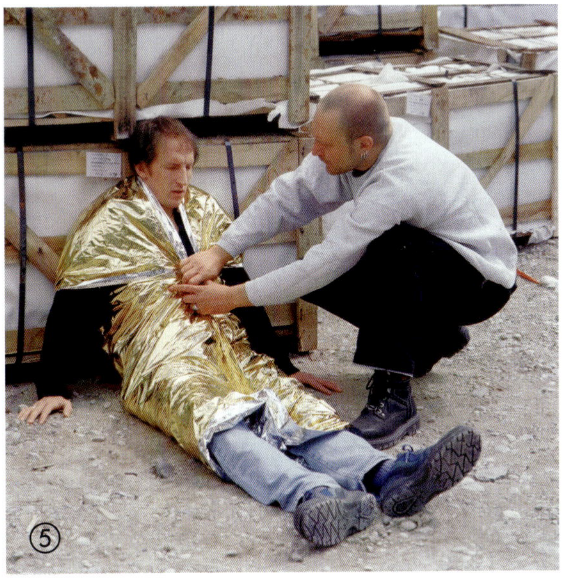

⑤

④

Eine Freundin von mir hat ein behindertes Kind. Sie hat viele Probleme …

Vielleicht helfen Ihnen diese Wörter beim Gespräch:
Antrag – Arbeitsagentur – Arbeitslosengeld – Arztkosten – Behandlung – Behinderung – Betreuung – Fortbildung – Krankengeld – Krankheit – Pflegedienst – Pflegegeld – Rente – Unfall – Unfallrente – Unterstützung – Verletzung – Witwenrente

1 **Welche Sprechblasen passen zu den Bildern?**

2 **Kennen Sie solche Situationen? Erzählen Sie im Kurs.**

Die fünf Säulen der Sozialversicherung

Die Sozialversicherung bietet vor allem Arbeitnehmerinnen und Arbeitnehmern Schutz. Sie ist der wichtigste Bereich der sozialen Sicherung:

Die *Arbeitslosenversicherung* leistet finanzielle Hilfe bei Arbeitslosigkeit (Arbeitslosengeld, Weiterbildungskurse).

Die *Rentenversicherung* leistet finanzielle Hilfe
- wenn man das Rentenalter erreicht hat (Altersrente)
- wenn man so krank ist, dass man nicht mehr arbeiten kann, (Erwerbsunfähigkeitsrente)
- für die Familie (Frau oder Mann und Kinder) wenn jemand gestorben ist (Witwenrente, Waisenrente).

Die *Krankenversicherung* leistet finanzielle Hilfe,
- wenn man krank ist (Arztkosten, Krankenhauskosten, Krankengeld).

Die gesetzliche *Unfallversicherung* gibt nach einem Arbeitsunfall finanzielle Hilfe, bis man wieder arbeiten kann.

Die *Pflegeversicherung* bietet finanzielle Hilfe, wenn jemand pflegebedürftig ist (Pflegegeld).

Arbeiter gerät in Papierpresse - schwer verletzt

Ansbach (dpa/lby) - Bei einem Arbeitsunfall ist ein 25-jähriger Arbeiter nahe Ansbach mit seinem rechten Bein in eine Papierpresse geraten. Dabei zog er sich schwere Quetschungen zu, berichtete die Polizei am Montag. Der Mann war ...

Gute Ausbildung sichert Beschäftigung im Alter

Wer besser qualifiziert ist, findet nicht nur leichter eine Stelle. Er hat einer Studie zufolge auch später größere Chancen, jenseits der 55 beschäftigt zu sein.

Anrechnungen und Freibeträge bei Hinterbliebenen

Wer als Hinterbliebener eine Rente erhält und einen Job oder Nebenjob ausübt, darf nur begrenzt hinzuverdienen, um die Rente nicht zu gefährden. In der Regel wird bei der Witwer- und Witwenrente das erzielte Einkommen mit einem ...

Gesundheitskarte: Kampf dem Chipkartenbetrug

Unter dem Titel **„Verblutende retten, Betrüger abweisen"** veröffentlichte der Verband Deutscher Arztpraxis-Softwarehersteller (VDAP) anlässlich eines Experten-Symposions in Berlin erste Ergebnisse zum Einsatz ...

„Die Patienten kommen erst mit Fieber"

Die Hausärztin Angelika Prehn hat beobachtet, dass Patienten Krankheiten verschleppen und Tabletten teilen, um die Praxisgebühr zu sparen. Wer hingegen den Arzt nur besuche, um mal zu reden, komme gleich mehrmals pro Quartal ...

„Arbeitslosigkeit kann jeden treffen!"

„Die Anzahl unserer Klienten ist genauso angestiegen wie die Arbeitslosigkeit selbst", erklärt Werner Schrepfer. Und obwohl es gerade in Oberfranken alles andere als einfach sei, die Menschen wieder in Arbeit zu bringen ...

1 **Worum geht es bei diesen Notizen?**

2 **Welche Sozialversicherung wird hier angesprochen?**

Projekt: Was berichten Zeitungen über das Thema „soziale Sicherung"? Sammeln Sie Beispiele aus verschiedenen Zeitungen.

Die Grundprinzipien der Sozialversicherung

Die Aufgabe der Sozialversicherung ist es, die versicherten Bürger und Bürgerinnen zu unterstützen, wenn sie z.B. arbeitslos werden oder das Rentenalter erreicht haben.

Dabei gelten folgende Grundprinzipien:

1. In Deutschland sind fast 90 Prozent der Bevölkerung in der Sozialversicherung pflicht- oder freiwillig versichert. Familienangehörige (Ehefrauen oder Ehemänner und Kinder) von Pflichtversicherten sind in der Regel über die Versicherung mitversichert.

2. Arbeitnehmer und Arbeitgeber finanzieren die Sozialversicherungen mit Beiträgen. Grundsätzlich übernehmen beide Seiten je die Hälfte der Beiträge. Die Höhe der Beiträge richtet sich nach der Höhe des Gehalts des Arbeitnehmers.

3. Die versicherten Risiken werden von allen Versicherten gemeinsam getragen. Die Leistungen richten sich nicht danach, wie viel die einzelnen Versicherten einzahlen. Jeder Versicherte erhält die gleichen Leistungen. Durch diesen solidarischen Ansatz wird ein Ausgleich zwischen Gesunden und Kranken, zwischen besser und weniger gut Verdienenden, zwischen Jung und Alt, zwischen Familien und Singles geschaffen.

Heute gibt es immer weniger Arbeitende mit sozialversicherungspflichtigen Arbeitsplätzen und immer mehr Rentner. Das ist ein großes Problem für die Rentenversicherung. Der traditionelle Generationenvertrag funktioniert nicht mehr richtig. Deshalb muss die junge Generation immer mehr privat vorsorgen, z.B. mit privaten Lebensversicherungen.

1 Unterstreichen Sie alle Wörter, die zum Begriff „Sozialstaat" gehören.

Aufgabe der <u>Sozialversicherung</u> ist …

2 Welches Stichwort A–C gehört zu welchem Absatz 1–3?

A Beitragsfinanzierung

B Solidarität

C Versicherungspflicht

3 Welche anderen Formen der sozialen Sicherung kennen Sie?

4 Wie ist die soziale Sicherung in Ihrem Herkunftsland geregelt?

Konflikte, Regeln, Hilfen

Streit!

Ein Konflikt muss nicht so verlaufen. Es gibt viele Möglichkeiten, Streit zu schlichten – ohne Gewalt und ohne Gericht. Oft kann ein Mensch helfen, dem alle vertrauen. Er unterstützt die Konfliktparteien darin, eine Lösung für ihren Konflikt zu finden, mit dem alle zufrieden sind.

1 **Sehen Sie sich die Szenen oben an und beschreiben Sie, was passiert. Warum streiten sich die Leute? Warum spitzt sich die Situation so zu?**

2 **Überlegen Sie sich Konflikte im Alltag. Zu Konflikten kann es z.B. zwischen Nachbarn unterschiedlicher Herkunft kommen. Wie kann man die Konflikte lösen? Was meinen Sie?**

3 **Erinnern Sie sich an eine Situation, in der ein Konflikt friedlich geschlichtet wurde? Wie war das? War es ein zwischenmenschlicher oder ein politischer Konflikt? Erzählen Sie den anderen Kursteilnehmern/Kursteilnehmerinnen davon.**

Bei Konflikten im Alltagsleben, bei Trennung und Scheidung kann die Mediation helfen.

Weitere Informationen:
www.bafm-mediation.de
www.centrale-fuer-mediation.de

Projekt: Finden Sie heraus, welche Möglichkeiten der Streitschlichtung es in Ihrer Stadt, in Ihrem Stadtteil, in der Schule Ihrer Kinder usw. gibt. Gibt es Streitschlichter, Mediatoren oder Mediatorinnen, Konfliktlotsen oder vielleicht ganz andere Möglichkeiten?

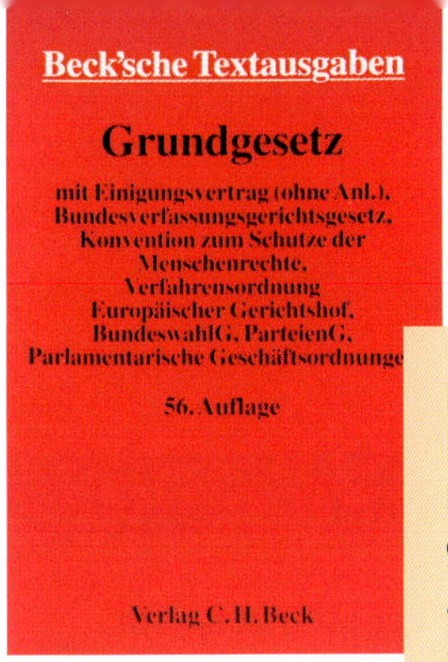

Die Grundrechte

1 **Was passt zusammen? Ordnen Sie die Beispiele 1–11 den Grundrechten A–K zu.**

2 **Sprechen Sie über die Aussagen im Kurs.**

Das Grundgesetz (GG) ist das wichtigste Gesetz in Deutschland. Es ist die rechtliche und politische Basis der Bundesrepublik Deutschland. Im Grundgesetz sind wichtige Grundrechte festgelegt. In Artikel 1 GG heißt es z.B.: **„Die Würde des Menschen ist unantastbar. Sie zu achten und zu schützen ist Verpflichtung aller staatlichen Gewalt."**

Wieso eigentlich? Was ist überhaupt die Würde des Menschen?

Hinter dem Grundgesetz stehen bestimmte menschliche Werte.

die freie Entfaltung der Persönlichkeit	A 4	1	„Ich möchte nicht, dass jemand meine Briefe liest. Ein Glück – der Postbote darf meine Briefe nicht öffnen."
die Gleichheit aller Menschen vor dem Gesetz	B ___	2	„Religion – das ist eine ganz persönliche Sache. Ich glaube, dass Menschen mit unterschiedlichem Glauben gut zusammenleben können."
die Glaubensfreiheit	C ___	3	„Welche Arbeit ich annehme, entscheide ich selbst."
die Freiheit der Kunst und Wissenschaft	D ___	4	„Ich will mich frei fühlen als Mensch. Deshalb habe ich meine Haare pink gefärbt. Ein bisschen verrückt, nicht?"
der Schutz von Ehe und Familie	E ___	5	„Ich kann mir aussuchen, wo in Deutschland ich leben will. Ich gehe dahin, wo ich eine gute Arbeit finde. Ist doch klar!"
die Versammlungsfreiheit	F ___	6	„Ich bin ein Künstler. Meine Bilder gefallen nur wenigen Menschen. Aber so ist es nun einmal."
das Brief-, Post- und Fernmeldegeheimnis	G ___	7	„Morgen habe ich einen Gerichtstermin. Ich weiß ja, niemand darf wegen seiner Herkunft benachteiligt werden. Aber trotzdem, ich bin nervös."
die Freizügigkeit	H ___	8	„Meine Tochter arbeitet in einer Umweltorganisation. Ständig geht sie auf eine Demonstration. Na ja, solange das friedlich ist, ist es erlaubt."
die Freiheit der Berufswahl	I ___	9	„Auch die Menschen, die für den Staat arbeiten, müssen sich an die Gesetze halten."
die Unverletzlichkeit der Wohnung	J ___	10	„Die Polizei darf meine Wohnung nur durchsuchen, wenn sie einen richterlichen Durchsuchungsbefehl hat."
die Bindung der staatlichen Verwaltung und der Gerichte an das Gesetz	K ___	11	„Meine Frau und ich, wir sind für die Erziehung unserer Kinder verantwortlich. Nur wenn wir uns gar nicht um die Kinder kümmern, kommen sie in ein Heim."

Polizei in Deutschland

Die Polizeien der Länder	Die Bundespolizei	Die Zollverwaltung
• Notfallhilfe • die Verhütung und Vorbeugung von Straftaten • die Verfolgung von Straftaten und Ordnungswidrigkeiten • polizeiliche Aufgaben im Straßenverkehr	• der Schutz der Grenzen (vor allem gegen illegale Migration) • die Bahnpolizei • polizeiliche Aufgaben im Not- und Verteidigungsfall • der Schutz der Bundesregierung, der Bundesministerien, des Bundespräsidenten usw. • Hilfeleistungen bei Katastrophen	• die zollamtliche Überwachung des Warenverkehrs • die Bekämpfung der Schwarzarbeit • die Küstenwache • die Schifffahrtspolizei

Es gibt Gesetze, die festlegen, was die Polizei tun darf und was nicht: Sie ist an Recht und Gesetz gebunden. Das heißt: Der Staat und alle Menschen, die für den Staat arbeiten, müssen sich genauso an die Gesetze halten wie die Bürger und Bürgerinnen. Wenn jemand die Gesetze nicht einhält, dann wird die Staatsanwaltschaft tätig.

1 Für was ist welche Polizei zuständig? Ordnen Sie die Beispiele zu und sammeln Sie noch weitere Beispiele.

ein Einbruch – Drogenhandel – verbotene Fischerei in der Ostsee – Falschparken – eine Flutkatastrophe – eine Demonstration – Gewalt gegen eine Frau – ein Diebstahl im ICE – Schwarzarbeit

2 Lesen Sie die Texte A und B. Was wird kritisiert? Was wird gelobt?

A

Polizei kontrollieren

Berlin (dpa) – Die Generalsekretärin der deutschen Sektion von Amnesty International (ai), Barbara Lochbihler, hat eine unabhängige Kontrolle deutscher Polizisten gefordert. „Die Staatsanwaltschaften ermitteln nur sehr schleppend, wenn Gewaltvorwürfe gegen Polizisten erhoben werden. Das ist ein durchgängiges Muster, das wir kritisieren", sagte sie den *Stuttgarter Nachrichten.* *SZ 11.03.2005*

B

Polizei kritisieren

Wenn mich ein Ausländer fragen würde, auf was ich als Deutscher stolz wäre, weißt du, was ich antworten würde? Dass man hier Kritik an der Polizei üben kann und angehört wird, ernst genommen wird. Ich würde nicht in einem Land leben wollen, wo man nicht die Möglichkeit hat, eine polizeiliche Maßnahme zu überprüfen.
www.wer-weiss-was.de/theme132/article1296139.html

Projekt: Laden Sie einen Polizisten in Ihren Kurs ein. Sammeln Sie Fragen, z.B.: Was darf die Polizei in Deutschland? Was darf sie nicht?

Fragen an die Deutschen

1. „Das Gesetz ist nicht streng genug. Wenn jemand einen Menschen umbringt, dann muss er dafür sterben. Warum gibt es keine Todesstrafe?“

A „In Deutschland gibt es den Gedanken der "Ehre der Familie" nicht. Wichtig ist das Leben und die Würde des einzelnen Menschen.“

B „Alle Menschen genießen Meinungsfreiheit, Demonstrationsfreiheit und Versammlungsfreiheit.“

2. „Meine Tochter will den Mann nicht heiraten, den ich ausgesucht habe. Sie trifft sich heimlich mit einem anderen. Jemand muss die Ehre der Familie retten. Warum bekomme ich dann Probleme?“

C „Der deutsche Staat kennt diese Art der Strafe nicht. Das Grundrecht auf Leben steht an erster Stelle. Auch der Staat darf nicht töten.“

D „Nach dem Grundgesetz hat jeder das Recht auf die freie Entfaltung seiner Persönlichkeit. D.h., jeder darf so leben, wie er will. Er muss aber die Rechte anderer beachten.“

3. „Frauen sollen nicht wie Männer arbeiten. Wieso leben Frauen in Deutschland alleine, heiraten nicht und haben keine Kinder?“

4. „Jeder darf in Deutschland demonstrieren, auch gegen den demokratischen Staat. Was macht das für einen Sinn?“

E „Nach dem Gesetz haben Männer und Frauen die gleichen Rechte, in Deutschland wie in ganz Europa.“

5. „In meinem Land müssen alle jungen Männer zum Militär. Wie ist das in Deutschland?“

F „In Deutschland darf niemand gegen sein Gewissen zum Kriegsdienst mit der Waffe gezwungen werden.“

6. „In Deutschland gibt es keine Moral. Jeder lebt, wie er will. Warum ist das erlaubt?“

1 **Lesen Sie die Fragen und Aussagen oben. Welche Antwort passt zu welcher Frage?**

2 **Suchen Sie sich eine Partnerin oder einen Partner im Kurs. Sprechen Sie miteinander. Welche Antworten können Sie akzeptieren? Mit welchen Antworten haben Sie Probleme? Wechseln Sie die Partnerin oder den Partner zweimal, so dass Sie unterschiedliche Meinungen hören können.**

Notruf und Beratung

Notruf: Notfallsituationen
Allgemeiner Notruf (Polizei) Telefon: 110
Feuerwehr Telefon: 112
Krankentransport – zentraler Notruf Telefon: 112

Ein Notfall kann jedem passieren. Europaweit erhalten Sie Hilfe unter der Telefonnummer 112, wenn Sie die Feuerwehr oder den Rettungsdienst brauchen. Diese Nummer erreichen Sie kostenlos von jedem öffentlichen Telefon oder Handy. Sprechen Sie den Notruf nach dem folgenden Muster. Bewahren Sie dabei Ruhe und sprechen Sie deutlich:

- **Wer** meldet sich?
  Name, Aufenthaltsort, Telefonnummer
- **Was** ist passiert?
  Feuer, Verkehrsunfall, Person in Notlage, Haushaltsunfall
- **Wo** ist es passiert?
  Ort, Straße und Hausnummer, Stockwerk, bei Autobahnen Fahrtrichtung
- **Wie** viele Verletzte?
  Wie viele sind verletzt oder brauchen Hilfe? Was für Verletzungen liegen vor?
- **Warten** Sie!
  Warten Sie, bis die Leitstelle das Gespräch mit Ihnen beendet.

1 **Lesen Sie den Text im Kasten. Erfinden Sie zu zweit eine Notfallsituation und üben Sie das Telefongespräch mit der Polizei oder Rettungsleitstelle. Spielen Sie es im Kurs vor.**

Es gibt auch viele Internetadressen mit Hilfsangeboten für Notfälle, z.B.:
www.apotheken.de/
www.aidshilfe.de/
www.adac.de
www.telefonseelsorge.de

Ärztlicher Notdienst

Apotheken-Notdienst ____________________

Arzt-Notruf ____________________

Gift-Notruf ____________________

Krankenhäuser mit Notaufnahme ____________________

Psychiatrische Notrufe ____________________

Technischer Notdienst

Elektrizitätsversorgung ____________________

Technische Hilfe bei Unfällen ____________________

Telefonstörung ____________________

Wasserversorgung ____________________

Hilfe in Krisensituationen

AIDS-Hilfe ____________________

Anonyme Alkoholiker ____________________

Beratung für Eltern ____________________

Drogenberatung ____________________

Notruf bei häuslicher Gewalt / Frauenhaus ____________________

Kinderschutzberatung ____________________

Pro Familia ____________________

Schuldnerberatung ____________________

Sorgentelefone in der Region ____________________

2 **Überlegen Sie sich zu allen Notruf- und Beratungseinrichtungen: In welcher Situation könnte ein Mensch diese Hilfe brauchen? Gibt es diese Hilfen in Ihrer Region? Finden Sie die Telefonnummern heraus.**

Projekt: Wählen Sie aus der Liste oben ein Beratungsangebot. Laden Sie eine/n Mitarbeiter/in der Beratungsstelle in Ihren Kurs ein. Sammeln Sie Fragen, die Sie dieser Person stellen wollen.

Hilfen für den Umgang mit Behörden

Wollen Sie nicht lange warten? Telefonieren Sie vorher mit der zuständigen Sachbearbeiterin. Vereinbaren Sie einen festen Termin. Bei vielen Behörden muss man eine Nummer ziehen.

Haben Sie ein kleines Kind, das Sie nicht allein lassen können? Haben Sie eine Behinderung? Sagen Sie das vorher. Ihr Sachbearbeiter / Ihre Sachbearbeiterin muss auf Ihre Situation Rücksicht nehmen.

Haben Sie Probleme beim Ausfüllen der Formulare? Bitten Sie die Sachbearbeiterin um Hilfe beim Ausfüllen. Sie ist verpflichtet, Ihnen zu helfen.

Brauchen Sie Beratung? Wenn Sie sich nicht auskennen, bitten Sie den Sachbearbeiter um ausführliche Beratung. Dazu ist jede Behörde gesetzlich verpflichtet.

Wie sichern Sie Beweise? Machen Sie von allen schriftlichen Unterlagen eine Kopie. Nehmen Sie jemanden mit, wenn Sie zur Behörde gehen. Dann haben Sie später einen Zeugen. Schreiben Sie nach dem Gespräch Zeit, Inhalt und den Namen des Gesprächspartners auf.

Was tun, wenn eine Frist angegeben ist? Sie müssen angegebene Fristen einhalten. Auch die Behörde muss z.B. einen Antrag innerhalb einer bestimmten Frist (meist drei Monate) bearbeiten.

Was tun bei unrichtigen Zahlungsaufforderungen? Wenn Sie eine Zahlungsaufforderung (z.B. Wassergeld oder Müllabfuhr) nicht richtig finden, müssen Sie sofort Widerspruch einlegen! Sonst müssen Sie bezahlen.

Was tun, wenn Sie sich nicht richtig behandelt fühlen? Wenn Sie mit einem Sachbearbeiter nicht weiterkommen oder wenn Sie sich nicht korrekt oder unfreundlich behandelt fühlen, können Sie sich beschweren. Fragen Sie nach dem Vorgesetzten oder nach der vorgesetzten Dienststelle.

1 **Schreiben Sie in die Sprechblasen einen kleinen Dialog bei einer Behörde. Sie können die Bilder auch in eine andere Reihenfolge bringen.**

2 **Lesen Sie die Tipps und sprechen Sie darüber. Vergleichen Sie sie mit Ihren Erfahrungen.**

Projekt: Gehen Sie in kleinen Gruppen zu einer Behörde, z.B. zum Ausländeramt. Gibt es jemanden in Ihrem Kurs, der sowieso dort etwas zu erledigen hat?

Bildung und Weiterbildung

Was weiß ich, was kann ich?

1

2

3

4

5

6

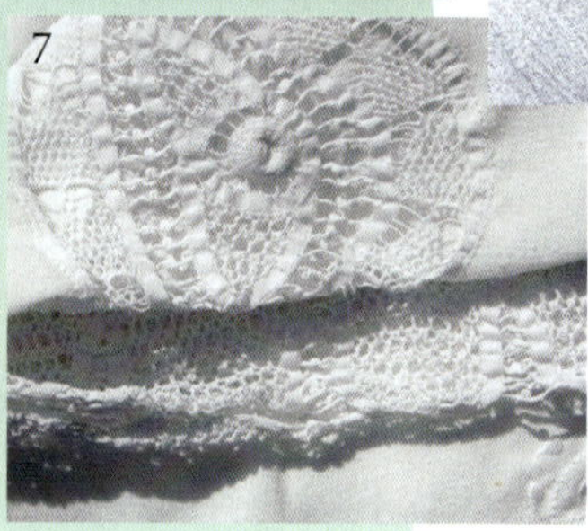
7

8

9

10

11

1 Auf welche Kenntnisse und Fertigkeiten weisen die Abbildungen hin?

Mathematik	Literatur	Physik
Musik	Kunst	Sticken
Biologie	Handwerk	Singen
Weben	Multimedia	Politik
Tanzen	Kochen	Malen

2 Was haben Sie wann und wo gelernt?

Ich habe in der Schule Rechnen gelernt.

3 Was können Sie gut?

In meiner Sprache kann ich sehr gut Geschichten erzählen.

Meine Familie und meine Freunde freuen sich, wenn ich Musik mache. Ich spiele …

4 Welche Kenntnisse, welche Fähigkeiten brauchen Sie heute noch oft?

Für meinen Beruf brauche ich gute Kenntnisse in …

In Chemie kann ich meinen Kindern bei den Hausaufgaben helfen.

Mit meinen Kindern spiele ich oft und gerne Fußball.

Ein Mensch mit sieben Jahren sollte schon …

- etwas repariert haben
- ein Lied in einer fremden Sprache kennen
- Vogelstimmen unterscheiden können
- ein Selbstporträt gemalt haben
- Stille als Teil von Musik erlebt haben
- wissen, wie sich ein Baby anfühlt
- Jahresringe an einem Baumstumpf gezählt haben
- ein Tier betreut haben
- Rhythmus in den Füßen gespürt haben
- Beeren gepflückt haben
- mit dem Vater gekocht, geputzt, Betten bezogen, gewerkelt, ganze Tage verbracht haben

Ein Mensch mit dreißig Jahren sollte schon …

- ein Gedicht geschrieben haben
- einen Baum gepflanzt haben
- einen kranken Menschen gepflegt haben
- ein Auto gefahren haben
- …

Die Welt ein Dorf

Stellen Sie sich die Erde als kleines Dorf vor. Es leben dort genau 100 Menschen. Alle Merkmale sind so unter den Menschen verteilt wie auf der Erde heute. Dann gibt es in dem Dorf:
60 Asiaten, **11** Europäer, **13** Afrikaner
50 Frauen, **50** Männer
30 sind jünger als 15 und **7** sind älter als 65 Jahre

1 Kind kann nicht in die Schule gehen.
5 Männer können nicht lesen.
8 Frauen können nicht lesen.
90 haben keinen Zugang zum Internet.

1 Was haben Sie mit sieben Jahren bereits gemacht?

2 Was fehlt in der Liste oben Ihrer Meinung nach?

3 Was sollte ein Mensch mit dreißig Jahren schon gemacht haben? Was sollte er oder sie gelernt haben? Erstellen Sie eine Liste im Kurs.

4 Vergleichen Sie das „Weltdorf" mit Deutschland und Ihrem Land.

5 Raten Sie: Wie viele Menschen in Deutschland können nicht oder nur sehr schlecht lesen und schreiben? Sind es 40 000 – 400 000 – 4 000 000? (Antwort auf der nächsten Seite).

Aussagen zu Bildung und Weiterbildung in Deutschland

1. Rund 900.000 ausländische Erwachsene	___	a desto weniger Zeit lernen sie.
2. Mit der Fachhochschulreife kann man	___	b pro Tag länger als 10- bis 18-jährige Jungen.
3. Mädchen im Alter von 10-18 Jahren lernen	___	c ca. 40 Minuten pro Tag fürs Lernen.
4. Generell gibt es drei Abschlüsse	___	d mit 18 Jahren.
5. 55 % aller Abiturienten in Deutschland	___	e die Möglichkeit zum nachträglichen Erwerb von Schulabschlüssen.
6. Als „Zweiten Bildungsweg" bezeichnet man	___	f kaum oder gar nicht lesen und schreiben.
7. In den meisten Bundesländern	___	g sind weiblich.
8. In Deutschland können 4 Millionen Erwachsene	_1_	h haben im Jahr 2004 an einer Weiterbildung teilgenommen.
9. Es gibt in Deutschland	___	i an den Schulen in Deutschland.
10. Verteilt auf das ganze Leben verwenden die Menschen in Deutschland	___	j gibt es einen Anspruch auf Bildungsurlaub.
11. Die Schulpflicht endet in Deutschland	___	k an Fachhochschulen und an Gesamthochschulen studieren.
12. Je älter die Menschen sind,	___	l 357 anerkannte Ausbildungsberufe.

1 **Was passt zusammen? Ordnen Sie 1–12 und a–l einander zu.**

2 **Welche Aussagen überraschen Sie?**

3 **Vergleichen Sie: Wie ist die Situation in Ihren Ländern?**

4 **Worüber hätten Sie gerne mehr Informationen?**

Bildung ist Ländersache

In Deutschland sind die Bundesländer (Bayern, Sachsen, Hessen ...) allein für Kultur und Bildung verantwortlich. Jedes der 16 Bundesländer bestimmt die Schulformen und die Lehrpläne in den Schulen selbst. Im Grundgesetz Artikel 7 werden nur einige allgemeine Fragen geregelt.
Dennoch gibt es eine gemeinsame Grundstruktur des Schulwesens in Deutschland. In einem Abkommen haben die Länder verbindliche Regelungen zum Beispiel zur Schulpflicht, zu Organisationsformen und zur Anerkennung von Prüfungen getroffen. Zur Koordinierung von Bildungsfragen dient auch die „Ständige Konferenz der Kultusminister" (KMK).
Auch die Anerkennung von ausländischen Bildungsnachweisen ist Sache der einzelnen Bundesländer. Zuständig sind z.B.:

- für nicht-universitäre berufliche Abschlüsse: die Industrie- und Handelskammern (IHK), die Handwerkskammern und die Regierungspräsidien
- für Abschlüsse aller beruflichen Schulen: die Schulämter der Kommunen oder die Oberschulämter
- für Abschlüsse von Universitäten und Fachhochschulen: die Kultusministerien oder in bestimmten Fachrichtungen die Landesprüfungsämter

Projekt: Wählen Sie eine Berufsausbildung oder einen Schulabschluss aus, den es in Ihrem Kurs gibt. Finden Sie heraus, bei welcher Behörde oder Organisation man diesen Abschluss anerkennen lassen kann. Welche Unterlagen benötigt man?

Erwachsenenbildung und Weiterbildung im Beruf

In Deutschland gibt es viele Angebote zur Weiterbildung – auch für Erwachsene. Man kann die Angebote nach verschiedenen Kriterien unterscheiden.

Inhalte	**Zielgruppen**	**Formen des Unterrichts**
Berufliche Weiterbildung / Betriebliche Weiterbildung	Frauen	Teilnahme an Seminaren
Allgemeine Weiterbildung	Männer	Fernunterricht
Politische Weiterbildung	Familien	computergestütztes Lernen
Kulturelle Weiterbildung	ältere Personen	*training on the job*
	Migranten	selbstorganisiertes Lernen

①

Umschulungen

Bürokaufmann/-frau	24 Monate inkl. 7 Mon. Praktikum	01.02.05-31.01.06 04.07.05-29.06.07
Kaufmann/Kauffrau für Spedition und Logistikdienstleistungen	24 Monate inkl. 7 Mon. Praktikum	04.07.05-29.06.07

②

Mama macht nicht mehr alles, Mama sitzt am PC

Fernkurs für den Wiedereinstieg in den Beruf

③

Senioren am Computer

Wochenendseminar für Senioren und Seniorinnen ohne PC-Kenntnisse. Unsere Einführungskurse richten sich an alle Teilnehmer/innen ohne PC-Kenntnisse, die aus privaten Gründen in angenehmer Atmosphäre den praktischen Umgang mit dem Computer kennen lernen wollen.

④

Deutsch-Bewerbungstraining für Ausländer/innen

Der Kurs gibt einen Überblick über den Arbeitsmarkt. Angebot und Nachfrage sowie wirtschaftliche Hintergründe werden beleuchtet und Arbeitsmöglichkeiten wie z.B. Vollzeit, Teilzeit, Minijobs, Selbstständigkeit und Firmengründung erklärt. Informationen zu den Qualifikationsmerkmalen des Arbeitnehmers und zum Bewerbungsverfahren werden gegeben. Die Teilnehmer/innen erlernen das Verfassen eines Lebenslaufs, formulieren ein Anschreiben an einen Arbeitgeber und stellen eine Bewerbungsmappe zusammen.

VHS Hirschhorn Sa/So, 9–16.45 Uhr

1 **Beschreiben Sie die Fortbildungsangebote nach den Kriterien oben.**

Bei Nummer 2 kann man sich zu Hause weiterbilden. Das Angebot ist speziell für Mütter, die wieder berufstätig sein wollen. Man lernt selbstständig. Man lernt wahrscheinlich, wie man mit dem Computer arbeitet.

2 **Suchen Sie selbst Angebote in Zeitungen und im Internet und machen Sie ein „Weiterbildungsplakat" im Kurs.**

Qualifikationen für den Beruf

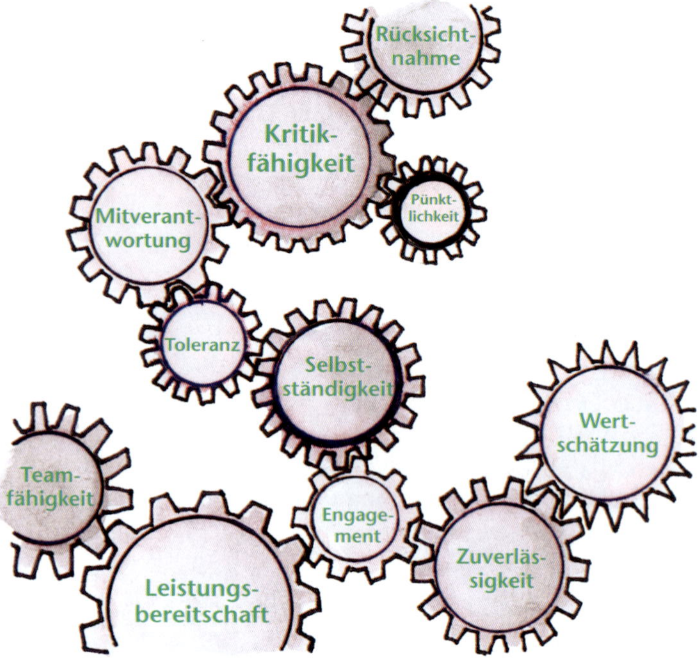

Schlüsselqualifikationen – darauf legen Betriebe Wert

Für alle Arbeiten werden besondere Kenntnisse und Fähigkeiten benötigt:

- Die Arbeit in einem Büro verlangt andere Kenntnisse als die Arbeit in einer Werkstatt.
- Ein Handwerker benötigt andere Kenntnisse als ein Arbeiter in der Industrie.
- Eine Verkäuferin muss andere Fähigkeiten haben als eine Pflegerin im Altenheim.

Viele Betriebe fragen zusätzlich bei ihren Mitarbeitern auch nach allgemeinen Fähigkeiten. Man nennt diese Fähigkeiten auch „Schlüsselqualifikationen“ oder englisch „Softskills“:

SCHLÜSSELQUALIFIKATION	ERKLÄRUNG		
1. **Planungskompetenz**	__	a	Man soll sich schnell auf Veränderungen einstellen können.
2. **Selbstständigkeit**	__	b	Man soll in der Lage sein, neue und originelle Lösungen zu finden.
3. **Soziale/Interkulturelle Kompetenz**	__	c	Man soll Neues schnell lernen können.
4. **Mobilität**	__	d	Man soll bereit sein, auch den Arbeitsort zu wechseln.
5. **Teamfähigkeit**	1	e	Man soll in der Lage sein, Arbeiten im Voraus zu planen.
6. **Kreativität**	__	f	Man soll eigenständig Entscheidungen treffen können.
7. **Flexibilität**	__	g	Man soll gut mit Menschen umgehen können, auch mit Menschen aus verschiedenen Kulturen.
8. **Lernfähigkeit**	__	h	Man soll gut und effektiv in einem Team arbeiten können.

1 **Lesen Sie den Text zu den Schlüsselqualifikationen. Warum sind Ihrer Meinung nach diese Qualifikationen für die Betriebe so wichtig?**

2 **Ordnen Sie die Schlüsselqualifikationen 1–8 den Erklärungen a–h zu.**

3 **Berufe und Qualifikationen: Arbeiten Sie zu zweit. Suchen Sie einen Beruf und sammeln Sie Qualifikationen, die man dafür braucht.**

Beruf: Busfahrer/in
Führerschein — *Zuverlässigkeit*
gut Auto fahren können — *Pünktlichkeit*
Landkarten lesen können — *Freundlichkeit*

Beruf:

Beruf: Kassierer/in
Kenntnisse über die Waren — *Freundlichkeit*
gut rechnen können — *Zuverlässigkeit*
die Kasse bedienen können

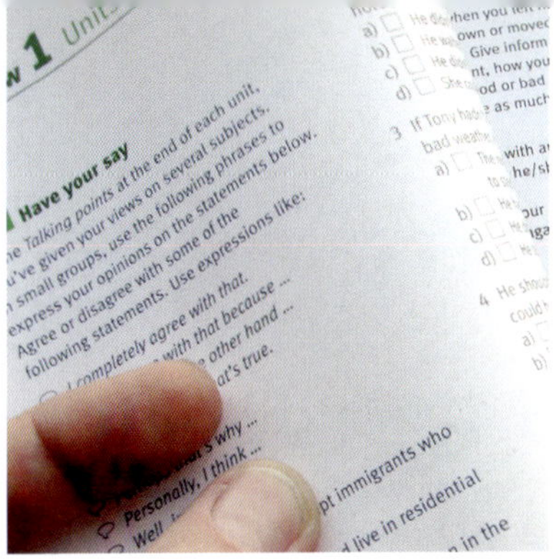

Der Nutzen der Weiterbildung

Was hat Ihnen die Fortbildung gebracht?

Das Forschungsinstitut „Infratest" hat Teilnehmer an beruflichen Weiterbildungsmaßnahmen später gefragt:

Hier die Antworten:

1.	Kann Arbeit besser als vorher erledigen	76%
2.	Verbesserung der beruflichen Chancen	60%
3.	Hilfe, im Alltag besser zurechtzukommen	41%
4.	Besseres Wissen über Zusammenhänge im Betrieb	37%
5.	Kollegen im Unternehmen besser kennen gelernt	36%
6.	Beruflich aufgestiegen	15%
7.	In höhere Gehaltsgruppe eingestuft	14%
8.	Hätte ansonsten Stelle verloren	13%
9.	Neue Stelle bekommen	9%
10.	Nichts davon/keine Angabe	9%

Ohne Lernen geht oft nichts mehr

Wer heute auf dem Arbeitsmarkt bestehen will, muss sich in der Regel auf ein lebenslanges Lernen einstellen. Die Suche nach dem richtigen Weiterbildungskurs erfordert allerdings viel Eigeninitiative.
Sie sind mit Ihrem Gehalt nicht zufrieden oder fürchten um Ihren Arbeitsplatz? Bessere Chancen und mehr Sicherheiten haben Sie auf jeden Fall, wenn Sie sich gezielt qualifizieren und so Ihren Wert steigern. Sie wollen nach einer Babypause wieder ins Berufsleben zurückkehren oder – als Arbeitslose/r – sich wieder für den Arbeitsmarkt interessant machen? Auch in diesen Fällen verbessern Sie Ihre Chancen entscheidend, wenn es Ihnen gelingt, sich in Ihrem Fachgebiet auf den neuesten Stand zu bringen oder eine Zusatz-Qualifikation zu bekommen.

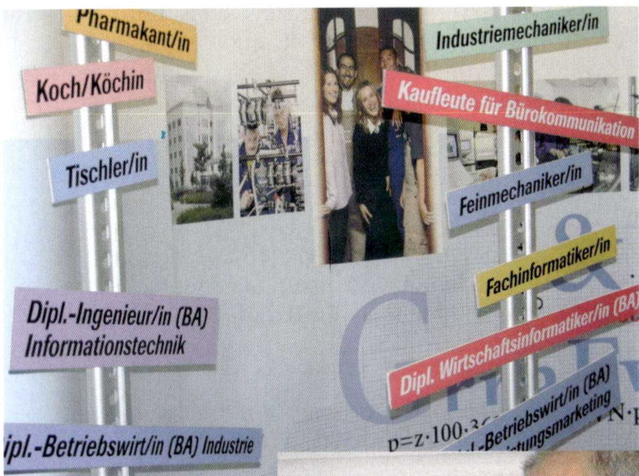

1 **Lesen Sie die Tabelle. Hat sich durch die Weiterbildung für die Teilnehmer etwas geändert? Was?**

Projekt: Überlegen Sie, was Sie gerne in einem Kurs lernen würden. Welche Angebote dazu gibt es in der Umgebung? Bereiten Sie ein Gespräch mit einem Kursanbieter vor.

Welche Voraussetzungen muss man haben?

Wie lange dauert der Kurs?

Gibt es Möglichkeiten, die Kosten zu reduzieren?

Wann findet er statt?

Was kostet der Kurs?

Gibt es Unterstützung vom Arbeitsamt?

...

Lösungen und Anmerkungen

1 Geschichte der Bundesrepublik Deutschland

Seite 4–5/2

Bild 1/A Das zerstörte Berlin 1945

Bild 2/H 1970: Mit dem Kniefall vor dem Ehrenmahl des jüdischen Ghettos in Warschau bittet Willy Brandt um Vergebung für die Gräuel des Warschauer Ghettos, wo die deutschen Besatzer zwischen 1940 und 1943 tausende von Menschen ermordet hatten.

Bild 3/C Karte der Besatzungszonen

Bild 4/F und E Von 1961 bis 1989 trennte eine Mauer die beiden Teile Berlins. Die gesamte Grenze zwischen der DDR und der BRD war von DDR-Seite militärisch gesichert.

Bild 5/E Die Ankunft des Millionsten Gastarbeiters am 10.9.1964. Der Portugiese Antonio Rodrigues de Sá bekam als Geschenk ein Moped.

Bild 6/D Insgesamt wurden vom VW-Käfer von 1938 bis 2003 weltweit etwa 22 Millionen Stück gebaut.

Bild 7/J Am Tisch v.l.n.r: Außenminister Hans-Dietrich Genscher, Präsident Michail Gorbatschow und Bundeskanzler Helmut Kohl bei einem der entscheidenden Gespräche zur deutschen Wiedervereinigung am 16.7.1990 im Kaukasus.

Seite 7/1 L. Rohrmann war in Brasilien / konnte nicht verstehen, was da passierte. – S. Kaufmann war überrascht. – P. Niemann brauchte Zeit, um zu verstehen. – Die Menschen standen an der offenen Grenze und weinten (vor Glück) und jubelten. – Die brasilianischen Freunde von L. Rohrmann wussten, dass die Wiedervereinigung kommt. – E. Teubner hat am 9.11. nichts mitbekommen / hatte auch Angst vor der Zukunft. – M. Hahn war überrascht.

Seite 8/2 **1618-48:** 30-jähriger-Krieg, der halb Europa verwüstete – **1870–1945:** drei Kriege zwischen Deutschland und Frankreich (1870-71, 1914-18, 1939-45) – **Rom:** Die Verträge von Rom begründen die EWG. – **Maastricht:** Der Vertrag von Maastricht begründet die EU. – **25** Mitgliedsstaaten hat die EU im Jahr 2005. – **12** Staaten haben den Euro. – **25%** mehr als die USA exportiert die EU, doppelt so viel wie **Japan**. – **Engagement** der Bürger/innen braucht die EU, um sich weiterzuentwickeln.

2 Wo ist meine Zeit geblieben?

Seite 11/1

1. Die Arbeitszeiten von Vollzeitbeschäftigten sind seit Mitte der 90-er Jahre wieder länger geworden und liegen im Durchschnitt rund zweieinhalb Stunden über dem Tarifniveau. Die Deutschen arbeiten laut EU-Statistik im Schnitt rund 40 Wochenstunden und liegen damit exakt im EU-Mittelfeld.
2. Das Gesetz schreibt nach 6 Stunden Arbeit mindestens 15 Minuten Pause vor. Wer 6 bis 9 Stunden arbeitet, hat ein Anrecht auf insgesamt 30 Minuten Pause.
3. Ein Baby braucht rund 18 Stunden Schlaf pro Tag. – Ein 10-jähriges Kind schläft rund 8 bis 9 Stunden am Tag. – Ein Erwachsener dagegen kommt mit 7 bis 8 Stunden Schlaf aus. – Ein 70-Jähriger braucht 5 bis 7 Stunden Schlaf.
4. Es gibt in Deutschland 11 Feiertage (Ostersonntag und Pfingstsonntag fallen dabei immer auf einen Sonntag); in einzelnen Bundesländern gibt es noch weitere Feiertage. Ausführliche Informationen z.B. unter: http://www.feiertage.net
5. Im Ladenschlussgesetz steht: „Verkaufsstellen müssen zu folgenden Zeiten für den geschäftlichen Verkehr mit den Kunden geschlossen sein: 1. an Sonn- und Feiertagen, 2. montags bis samstags bis 6 Uhr und ab 20 Uhr, 3. am 24. Dezember, wenn dieser Tag auf einen Werktag fällt, bis 6 Uhr und ab 14 Uhr."
6. Unpünktlichkeit gilt besonders in Behörden und bei Bewerbungen als vermeidbar. Man sollte bei Terminen am besten Unpünktlichkeit der Verkehrsmittel, Staus, Parkplatzprobleme etc. einkalkulieren. Sehr schlecht sind Entschuldigungen, die vermuten lassen, dass der Verspätete den Termin nicht ernst nimmt.
7. Pünktlichkeit wird in Deutschland meist hoch geschätzt. Kommen Sie einige Minuten „zu spät" zu einer Einladung, dann machen Sie es richtig. Mehr als 15 Minuten zu spät sollten es nicht sein.
8. Die Deutschen essen in der Regel gegen 13 Uhr zu Mittag und zwischen 19 und 20 Uhr zu Abend. Sollte der Gastgeber selbst kochen, ist ein pünktliches Kommen besonders wichtig. Bei großen Partys für viele Personen spielt die Pünktlichkeit allerdings keine wichtige Rolle. Es ist durchaus nicht unpassend, beim Gastgeber oder anderen Gästen danach zu fragen.
9. Die Umfrage einer Zeitschrift an die Leser zu dieser Frage hatte das Ergebnis: Gut die Hälfte der Befragten isst wenigstens einmal pro Tag mit ihrer Familie oder mit engen Freunden an einem Tisch. Dagegen antworteten aber 11 Prozent, sie würden selten oder nie mit ihrer Familie oder engen Freunden eine Mahlzeit einnehmen.

Seite 14/1 Von oben nach unten: Schichtarbeit, Jahresarbeitszeit, Teilzeit, Jahresarbeitszeit, Teilzeit, Gleitzeit

3 Bürgerpflichten

Seite 17/1 richtig: 1, 3, 6, 7, 8, 15

Kommentare: **2.** Es gibt keine Sonderrechte für Männer oder Frauen. **4.** Körperliche Bestrafung ist verboten und wird ggf. bestraft. **5.** Das Wahlrecht haben deutsche Staatsbürger ab 18 Jahre. **9.** Ruhestörung ist ein Straftatbestand. **10.** Grundgesetz Artikel 14: „Eigentum verpflichtet. Sein Gebrauch soll zugleich dem Wohle der Allgemeinheit dienen." Daraus folgt u.a. auch, dass man Dinge, die man nicht mehr braucht, nicht irgendwo in die Landschaft werfen darf, sondern sie ordnungsgemäß entsorgen muss. **11.** Es gibt ein Wahlrecht, aber keine Wahlpflicht. **12.** Die Polizei darf normalerweise nur mit richterlicher Anordnung eine Privatwohnung betreten (Durchsuchungsbefehl). **13.** Grundgesetz Artikel 5 (1): „Jeder hat das Recht, seine Meinung in Wort, Schrift und Bild frei zu äußern und zu verbreiten ..." Die Grenzen dieses Rechts sind gesetzlich geregelt (z.B. Beleidigung, Verleumdung ...). **14.** Selbstjustiz ist verboten. Ordnungsverstöße zu bestrafen ist Sache des Staates. **15.** Man muss den Ausweis zwar nicht immer dabei haben, aber dann muss man ggf. später zur Polizei und ihn dort vorlegen.

Seite 18/1 **1.** ... müssen alle Kinder von 6 bis 18 in die Schule gehen. **2.** Wenn die Eltern ihre Kinder nicht in die Schule schicken, werden sie bestraft. **3.** Notfalls kann die Polizei die Kinder in die Schule bringen. **4.** Die meisten Kinder gehen mindestens 9 Jahre in die Schule. **5.** Nach der allgemeinbildenden Schule machen viele eine Berufsausbildung. **6.** Während der Lehre gehen die Jugendlichen in die Berufsschule. **7.** Wenn man 18 ist, ist die Schulpflicht zu Ende.

Seite 19/2 richtig = 1, 2, 4, 5

4 Religiöse Vielfalt

Seite 22 Abbildungen oben, von links nach rechts: **Pagode** des buddhistischen Klosters Hannover. Es entstand Anfang der 90er Jahre und ist eines der größten buddhistischen Klöster Europas. Ab 1978 kamen viele Flüchtlinge aus Vietnam, die sich in Niedersachsen ansiedelten. Zunächst wurde eine provisorische Pagode errichtet, bis 1990 das jetzige Kloster gebaut wurde. **Moschee** in Lauingen; **Altar** mit Opferkerzen in einer katholischen Kirche;

Mitte links: **Synagoge** der jüdischen Gemeinde Berlin; rechts: **Frauenkirche Dresden**. Sie wurde im 2. Weltkrieg völlig zerstört und nach dem Fall der Mauer durch die Initiative von Dresdner Bürgern wieder aufgebaut. Menschen aus aller Welt haben mit Spenden dazu beigetragen. Die Außenarbeiten wurden erst 2005 abgeschlossen.

unten: Die **Frauenkirche München** (offizieller Name „Dom zu Unserer Lieben Frau") ist mit den beiden Kuppeltürmen das weltbekannte Wahrzeichen Münchens.

Seite 23/3 Kommentare Die deutsche und europäische Kultur ist vom Christentum geprägt. Gesellschaft und Kultur sind in Geschichte und Gegenwart ohne christliche Tradition nicht vorstellbar. Sie verdanken aber auch vieles dem Judentum und dem Islam. • Es gibt 129 Religionen und religiöse Bewegungen in Deutschland (siehe auch: http://www.remid.de/remid_info_zahlen.htm). • Die beiden großen christlichen Kirchen sind die Katholische Kirche und die Evangelische Kirche. Ein großer Unterschied ist, dass der Papst das Oberhaupt der Katholiken ist. Die Evangelische Kirche lehnt jedoch das Papsttum ab. Außerdem sind bei der evangelischen Kirche (im Gegensatz zur katholischen Kirche) alle Gläubigen, auch Katholiken, zum Abendmahl zugelassen. Ein weiterer wichtiger Unterschied ist der Zölibat der katholischen Priester, d.h., dass katholische Priester nicht heiraten dürfen. • In Deutschland leben 3.300.000 Moslems. • Ein Atheist ist jemand, der nicht an Gott glaubt. • Christliche Feiertage: Neujahrstag: 1. Januar; Heilige Drei Könige: 6. Januar; Karfreitag = der Freitag vor Ostern; Ostern = im Frühjahr (beweglich); Christi Himmelfahrt (beweglich); Pfingsten (beweglich); Fronleichnam (beweglich); Mariä Himmelfahrt: 15. August; Reformationstag: 31. Oktober; Allerheiligen: 1. November; Buß- und Bettag (beweglich); 1. Weihnachtstag: 25. Dezember; 2. Weihnachtstag: 26. Dezember; siehe auch: Feiertage: http://ww.feiertage.net

Seite 24/2 1c; 2f; 3e ; 4a; 5b; 6d

Seite 25/1 1. die Gedankenfreiheit; 2. die Gewissensfreiheit; 3. die Religionsfreiheit; 4. die Freiheit, seine Religion zu wechseln; 5. Atheisten sind Menschen, die glauben, dass es keine Götter gibt.

Seite 27/1 **F** sagt, dass es in Frankfurt nicht einfach ist, Katholik zu sein.
C war in den ersten Jahren an den jüdischen Feiertagen traurig.
G meint, dass die Religionen gut miteinander leben können.
E sagt, dass die Zuwanderer auch ihre Religionen nach Deutschland mitbringen.
B meint, dass alle europäischen Religionen zugewandert sind.
A hat angefangen zu beten, weil sie sich fremd in Deutschland fühlte.
D drückt aus, dass man überall zu Hause sein kann.

5 Der Staat „Bundesrepublik Deutschland"

Seite 29/1 Über **600** Abgeordnete hat der Deutsche Bundestag. – **69** Mitglieder hat der Bundesrat, die Vertretung der Bundesländer. – Die Abgeordneten des Bundestages (und der Landtage, Stadträte usw.) werden **vom Volk gewählt**. – Die Bundesrepublik hat **16** Bundesländer. – **Aufgabenfeld des Bundestages:** Diskussion und Verabschiedung von Gesetzen, Kontrolle der Regierung … – Der Bundesrat vertritt die **Interessen** der Bundesländer in Berlin. – Die **Regierung** wird von den Parteien gebildet, die allein oder in einer **Koalition** die Mehrheit der Abgeordneten des Parlaments haben. – Die Parteien, die nicht an der Regierung beteiligt sind, bilden die **Opposition.** – Das **Wahlrecht** haben alle deutschen Staatsbürger/innen, die über 18 Jahre alt sind.

Seite 30–31 **Bilder:** a = Hamburg, b = Frankfurt/Main, c = Ostsee, d = Windmühlen in Schleswig-Holstein, e = Mecklenburg-Vorpommern, f = Insel Rügen, g = Der Rhein, h = Oktoberfest in München, i = Bremer Stadtmusikanten, j Brandenburger Tor in Berlin

Seite 31/1 **Das Bundesländerquiz:** 1 Hessen (Wiesbaden) 2 Hamburg 3 Baden-Württemberg (Stuttgart) 4 Bremen 5 Bayern (München) 6 Nordrhein-Westfalen (Düsseldorf) 7 Rheinland-Pfalz (Mainz) 8 Saarland (Saarbrücken) 9 Thüringen (Erfurt) 10 Sachsen (Dresden) 11 Mecklenburg-Vorpommern (Schwerin) 12 Sachsen-Anhalt (Magdeburg) 13 Niedersachsen (Hannover) 14 Schleswig-Holstein (Kiel) 15 Brandenburg (Potsdam) 16 Berlin

Seite 32/1 A/1 – B/3 – C/2 – D/4

6 Lebensvielfalt - Meinungsvielfalt

Seite 36/2 1 – A, B, E; 2 – D; 3 – F, G; 4 – C; 5 – E; 6 – G; 7 – B; 8 – B

7 Arbeit und soziale Sicherung

Seite 40/1 1 – a, 2 – c, 3 – i, 4 – h, 5 – j (und a), 6 – g, 7 – b, 8 – e, 9 – d, 10 – f

Seite 42/1 1d, 2b, 3a, 4c

Seite 43/1 **Bild 1:** Eine Freundin von mir hat ein behindertes Kind. **Bild 2:** Ich möchte gerne eine Umschulung machen. **Bild 3:** Mein Freund war lange Zeit sehr krank. **Bild 4:** Im Alter möchte ich gerne ... **Bild 5:** Mein Kollege hatte einen Unfall im Betrieb.

Seite 45/2 A = 2, B = 3, C = 1

8 Konflikte, Regeln, Hilfen

Seite 47 A – 4; B – 7; C – 2; D – 6; E – 11; F – 8; G – 1; H – 5; I – 3; J – 10; K – 9

Hinweis Sie können das Grundgesetz der Bundesrepublik Deutschland bei der Bundeszentrale für politische Bildung kostenlos bestellen oder herunterladen: http://www.bundesregierung.de/Gesetze/-,4222/Grundgesetz.htm

Seite 48/1 Die Polizeien der Länder sind z.B. zuständig bei: Einbruch, Drogenhandel, Falschparken, Demonstrationen, Gewalt gegen Frauen ...
Die Bundespolizei ist z.B. zuständig bei: Drogenhandel, Diebstahl im ICE ...
Zollverwaltung: verbotene Fischerei, Schwarzarbeit ...

Seite 49/1 1 C / 2 A / 3 E / 4 B / 5 F / 6 D

9 Bildung und Weiterbildung

Seite 54/1 1 – h, 2 – k, 3 – b, 4 – i, 5 – g, 6 – e, 7 – j, 8 – f, 9 – l, 10 – c, 11 – d, 12 – a

Seite 56/2 1 – e, 2 – f, 3 – g, 4 – d, 5 – h, 6 – b, 7 – a, 8 – c

Sprachliche Hilfen für das Gespräch

Zufriedenheit/Unzufriedenheit äußern

Ich bin sehr froh, dass …
Ich bin sehr zufrieden mit …
Ich habe mich geärgert, dass/weil …

Ablehnung äußern

Nein, das kommt nicht in Frage.
Es tut mir Leid, aber ich kann Ihnen nicht helfen.

Entschuldigung

Es tut mir Leid, ich wollte Sie nicht kränken.
Können Sie mich bei Frau Meier entschuldigen?

Nach der Meinung eines anderen fragen

Was ist deine/Ihre Meinung (zu …)?	Was denkst du / denken Sie über … ?
Was hältst du / halten Sie von … ?	Was sagst du / sagen Sie zu … ?
Wie gefällt dir/Ihnen … ?	Wie findest du / finden Sie … ?
Gefällt Ihnen/dir … ?	Findest du auch / Finden Sie auch, dass … ?

Die Meinung zu einem Thema äußern

Ich bin überzeugt,	dass für viele Deutsche ihre Familie nicht so wichtig ist. / für viele Deutsche ist ihre Familie nicht so wichtig.
Ich bin sicher,	dass auch in Deutschland die Frauen nicht 100% gleichberechtigt sind. / auch in Deutschland sind die Frauen nicht 100% gleichberechtigt.
Ich finde (nicht),	dass man aus der Geschichte viel lernen kann. /
Ich finde,	man kann aus der Geschichte viel lernen.
Ich meine (nicht),	dass man sich politisch engagieren sollte. /
Ich meine,	man sollte sich politisch engagieren.
Ich glaube (nicht),	dass viele Leute politisch gut informiert sind. /
Ich glaube,	viele Leute sind politisch gut informiert.
Ich bin (nicht) der Meinung,	dass die Zeitungen …
Ich bin der Meinung,	die Zeitungen …
Meiner Meinung nach	sind Freunde in Deutschland wichtiger als die Familie.

Einer Aussage/Meinung widersprechen

Das sehe ich anders.	Da bin ich ganz anderer Meinung.
Nein, das stimmt nicht.	Ich bin nicht einverstanden.
Das glaube ich nicht.	Das ist nicht richtig.
Das ist falsch.	

Begründungen formulieren

Ich bin nicht Ihrer Meinung,	ich kenne einige Leute, die engen Kontakt zur ihrer Familie haben.
Viele Leute wissen wenig über Geschichte,	weil sie sich nicht dafür interessieren.
Man muss sich mit Politik beschäftigen,	(denn) sonst machen die Politiker, was sie wollen.
Ich bin mir da sicher,	weil ich erfahren habe, dass…
Ich möchte dazu etwas sagen,	sonst …
Da fehlen wichtige Informationen.	Deshalb muss ich hier widersprechen.

Nachfragen

Entschuldigung, ich habe das nicht verstanden.
Kannst du / Können Sie das noch einmal erklären?
Kannst du das genauer erklären?
Ich verstehe nicht, was du meinst / Sie meinen.
Wie meinst du / meinen Sie das?
Entschuldigen Sie, könnten Sie bitte langsamer sprechen?
Verstehen Sie mich?

Jemandem zustimmen

Ja, das stimmt.
Das glaube ich auch (nicht).
Das ist richtig.
Ja, genau so sehe ich das auch.
Stimmt.
Einverstanden.
Da haben Sie Recht.
Da hast du Recht.
Genau!

Aussagen, Meinungen relativieren, abschwächen

Ich weiß zwar,	dass auch viele Deutsche arbeitslos sind, aber ich kenne keinen Arbeitslosen persönlich.
Wenn ich richtig informiert bin,	gibt es in Deutschland zu wenige Kinder.
Ich habe gehört/gelesen,	dass das Rentenalter erhöht werden soll.
Auch wenn es mir nicht gefällt,	die Realität ist ...
Es gibt sicher Ausnahmen,	aber die meisten ... denken/sind so.

Unsicherheit ausdrücken

Ich weiß nicht,	(ob das so stimmt).
Vielleicht,	(haben Sie Recht), aber ...
Kann sein,	aber vielleicht ...
Das kann ich nicht beurteilen.	
Dazu möchte/kann ich nichts sagen.	
Keine Ahnung!	

Eine Vermutung äußern

Vielleicht/Vermutlich	leben in Deutschland die Verwandten oft nicht an einem Ort.
Wahrscheinlich/Bestimmt	machen mehr Männer als Frauen eine Fortbildung.
Ich vermute,	dass auch viele Deutsche wenig von Politik verstehen.

Ich glaube (nicht), dass
Es ist möglich, dass
Es kann sein, dass
Es könnte sein, dass

Über das Herkunftsland sprechen

In meinem Land ist es ganz anders.
In ... ist es ähnlich, aber ...
Bei uns gibt es auch ... / gibt es keine ...
Bei uns muss/kann/darf man (nicht) ...

Fragen, wie es im Herkunftsland anderer ist

Wie ist es bei euch?
Wie ist das in deinem/Ihrem Land?
Gibt es das bei euch auch?
Wie macht man es bei euch?
Kennt ihr das auch in eurem Land?

Vorschläge machen / Ratschläge geben

Wir könnten vielleicht	eine Kirche besuchen.
Du müsstest	mal zur Arbeitsagentur gehen, um dich beraten zu lassen.
Ihr solltet	mehr Zeitung lesen und die Nachrichten hören.
Wollen wir	einen Stadtrat einladen, um mit ihm zu sprechen?
Warum	sehen wir uns nicht einen Film über 1989 an?
Ich habe eine Idee,	wir könnten einen Ausflug nach … machen.
Wie wäre es, wenn wir	die Ausländerbeauftragte einladen würden?
Geh/t / Gehen Sie doch	mal zur Arbeitagentur, die haben viele Informationen.
Schau/t / Schauen Sie doch	mal im Internet unter www.arbeitsagentur.de nach.

Wünsche/Bitten äußern

Ich wünsche mir,	dass ich bald eine Arbeit finde, die mir gefällt.
Ich möchte	einen Beruf haben, bei dem ich viel Kontakt mit Menschen habe.
Ich würde gern	als Verkäuferin arbeiten.
Man müsste	dafür sorgen, dass alle jungen Leute eine Ausbildung machen können.
Es wäre schön,	wenn ich hier mehr Leute kennen lernen würde.
Darf ich …	
Würden Sie bitte …	
Ich hätte eine Bitte an Sie.	

Mehr wissen wollen

Ich möchte mehr wissen (über ...).
Ich brauche noch mehr Informationen (über ...).
Weiß jemand etwas über ...?
Wo kann ich mich über ... informieren?

Bedingung und Konsequenzen äußern

Wenn ich besser Deutsch kann,	finde ich vielleicht auch Arbeit in meinem Beruf.
Obwohl Rauchen ungesund ist,	ist es schwer, darauf zu verzichten.
Trotz der vielen Feiertage	haben die Menschen immer weniger Zeit für sich.
Das trifft nur für die Leute zu,	die schon lange hier leben.
Man muss einen Antrag stellen,	sonst bekommt man das nicht.

Im Internet recherchieren

Unter www.apotheke.de findet man …
Geh auf www.ard.de. Dort musst du links oben „Nachrichten“ anklicken und dann siehst du …
Die Internetadresse der Volkshochschule ist …
Am besten gibst du in der Suchmaschine das Wort „Bundestag“ ein.

Quellenverzeichnis

S. 4 Foto 1: Jan Selmer
Foto 2: Süddeutscher Verlag, Bilderdienst
Karte Besatzungszonen: Polyglott Verlag, München
Foto 4 und Flagge BRD: © Corel Stock Photo Library
Foto 5: dpa / Picture Alliance
Foto 6: Mit freundlicher Genehmigung der Volkswagen AG

S. 5 Foto 7: Süddeutscher Verlag, Bilderdienst

S. 6 Foto oben links: akg-images, Berlin
Foto unten links: Süddeutscher Verlag, Bilderdienst
Foto rechts: L. Rohrmann

S. 7 Foto: Süddeutscher Verlag, Bilderdienst

S. 8 Foto Europa-Parlament, Straßburg: © LOMEXX GmbH & Co. KG, Netphen
Foto Euronoten: L. Rohrmann

S.9 Foto Reichstagskuppel: L. Rohrmann
Foto VW Käfer: Mit freundlicher Genehmigung der Volkswagen AG

S. 13 Grafik „bezahlte und unbezahlte Arbeit“: Statistisches Bundesamt, Wiesbaden 2003

S. 14 Fotos Uhren: L. Rohrmann

S. 15 Foto unten: V. Daly

S. 16 Foto 1. Schultag: G. Ruppert
Foto Frau in Wahlkabine: © Keystone
Fotos Verkehrsampel und Menschenmenge: L. Rohrmann
Foto betende Moslems: Mit freundlicher Genehmigung des Christlich-Islamischen Vereins Hochrhein e.V., Rheinfelden

S. 21 Foto Schild „Spielen ... verboten“: M. Koenig

S. 22 Foto oben links: Pagode: Mit freundlicher Genehmigung von Hugo Cárdenas, Buddhistisches Kloster Vien Giac, Hannover
Foto Moschee Lauingen: © Ludwig Reisner, Gundelfingen
Foto Altar mit Opferkerzen: A. Ringer
Foto Mitte links: Synagoge der Jüdischen Gemeinde Berlin, Oranienburger Straße: © Land Berlin / Thie
Foto Frauenkirche Dresden: L. Rohrmann
Foto Frauenkirche München: L. Rohrmann

S. 23 Untersuchung über religiöse Einstellungen: Margarete Payer, Internationale Kommunikationskulturen. -- 13. Kulturelle Faktoren: „Aberglauben“ und Religion. -- 2. Einstellungen zur Religion und religiöse Einstellungen. -- Fassung vom 2002-03-15. -- URL: http://www.payer.de/kommkulturen/kultur132.htm.
Foto Fronleichnamsprozession am Staffelsee: © Rudi Herzig, Fremdenverkehrsverein Seehausen

S. 24 Foto Koran: S. Reiter, alle anderen Fotos: L. Rohrmann

S. 25 Grafik „überzeugte Atheisten“: © Futuribles, Paris

S. 27 Foto Mitte links: © dpa / Picture Alliance
Foto Gläubige vor Klagemauer und christliche Kirche innen: © Corel Stock Photo Library

S. 28 Foto Schulzimmer: © M. Sturm
Foto junges Paar: Mit freundlicher Genehmigung von Phoebe Chan Yin Yu
Foto Gerichtsszene: © Mauritius Images
Foto Stadtansicht: L. Rohrmann
Foto lesende Person: V. Daly
Foto Polizeiauto: Mit freundlicher Genehmigung der Pressestelle der Polizei, München
Fotos Schilder und Familie mit Kind: L. Rohrmann

S. 29 Foto Schloss Bellevue: Mit freundlicher Genehmigung der Berlin Tourismus Marketing GmbH/Koch
Fotos Kanzleramt und Blick auf Reichstag: L. Rohrmann
Foto Bundesrat: © dpa / Picture Alliance

S. 30 Karte BRD: Polyglott Verlag, München
Fotos Hamburg, Strandkörbe, Windmühlen, Frankfurt: L. Rohrmann

S. 31 Foto oben links: Insel Rügen: L. Rohrmann
Foto Bremer Stadtmusikanten: T. Scherling
Fotos Rhein, Oktoberfest und Brandenburger Tor, Berlin: © Corel Stock Photo Library

S. 32 Foto Nachrichten: L. Rohrmann

S. 35 von links nach rechts, oben: L. Rohrmann, P. Rusch, A. Sonnenfeld, L. Rohrmann
unten: L. Rohrmann, F. Ladd, P. Rusch

S. 36 Grafik: Globus Grafik S 0232,
Foto © Andrea Gerth

S. 37: Fotos oben: L. Rohrmann, Foto unten links: B. Andler, Foto unten rechts: C. Schwarz

S. 38 Foto Kiosk: S. Kaufmann; Fotos Zeitschriften: L. Rohrmann

S. 40 alle Fotos: V. Daly

S. 41 Grafik „Quellen des Lebensunterhalts der Deutschen“: Statistisches Bundesamt, Wiesbaden

S. 43 Fotos linke Spalte von oben nach unten: V. Daly, A. Ringer, L. Rohrmann
Fotos rechte Spalte oben: B. Geiß
Foto Arbeitsunfall: © Mauritius Images

S. 44 Grafik Säulen der Sozialversicherung: © GIDA GmbH 2005, FILMLEXIKON DER WIRTSCHAFT

S. 47 Foto Grundgesetz: A. Ringer

S. 48 Foto links: Mit freundlicher Genehmigung der Pressestelle der Polizei, München
Foto Mitte: L. Rohrmann
Foto rechts: A. Ringer

S. 49 Foto L. Rohrmann

S. 50: Foto Notrufsäule: Mit freundlicher Genehmigung der Björn Steiger Stiftung

S. 52 alle Fotos: L. Rohrmann

S. 53: Foto links: S. Ruppert, Foto rechts: D. Nissler

S. 54: Foto links: V. Daly

S. 57 Befragung zum Thema Weiterbildung: Helmut Kuwan und Frauke Thebis (Infratest Sozialforschung): Berichtssystem Weiterbildung IX: Ergebnisse der Representativbefragung zur Weiterbildungssituation in Deutschland, durchgeführt im Auftrag des Bundesministeriums für Bildung und Forschung, Bonn 2005;
Foto rechts unten: Mit freundlicher Genehmigung der WF Wissen und Medien GmbH, Göttingen
alle anderen Fotos: L. Rohrmann